AF329852

CODE CONJUGAL,

CONTENANT

LES LOIS, RÈGLES, APPLICATIONS ET EXEMPLES
DE L'ART DE SE BIEN MARIER ET D'ÊTRE HEUREUX
EN MÉNAGE;

PAR HORACE RAISSON,

Auteur du *Code Civil*, etc.

To be, or not to be, that is the question.
L'être ou ne pas l'être, voilà la question.
(HAMLET.)

PARIS.

J.-P. RORET, LIBRAIRE-ÉDITEUR,
QUAI DES AUGUSTINS, N° 17 BIS.
LEVAVASSEUR, LIBRAIRE, PALAIS-ROYAL.
1829.

Imp. de TROUVÉ et Cⁱᵉ, rue N.-D.-des-Victoires, n° 16.

CODES

PAR M. HORACE RAISSON.

Prospectus.

Nous possédons une foule de livres, de manuels, de traités, où les élémens des sciences, des métiers, des arts, sont développés avec les soins les plus minutieux; et jusqu'à ce jour on n'avait pas publié un seul ouvrage dans lequel la science du monde, les lois de l'usage et les convenances de la bonne compagnie se trouvassent réduits en principes, et en quelque sorte enseignés.

La connaissance parfaite de ces riens importans, de ces graves futilités, de ces délicates recherches, est cependant précieuse, indispensable même, dans un temps où, des succès de salon, dépendent si souvent la fortune, la réputation, l'avenir tout entier.

C'est cette lacune que l'auteur ingénieux des *Codes* a entrepris de combler; hâtons-nous de dire qu'il s'est tiré avec

un rare bonheur d'une tentative si difficile, et qu'à force de grâce, de finesse et
d'esprit, il a mérité à chacun de ses ouvrages le plus brillant succès.

La lecture des *Codes* intéresse, amuse
et instruit. Sous une forme originale et
piquante, l'auteur y donne d'utiles leçons, de sages conseils, de précieux
exemples. Un des spirituels rédacteurs
du *Journal des Débats* a dit avec justesse
que « à lire ces charmans petits ouvrages
on acquiert de l'expérience. »

LE CODE CIVIL, MANUEL COMPLET
DE LA POLITESSE, DU TON, DES MANIÈRES
DE LA BONNE COMPAGNIE, *contenant les
lois, règles, applications et exemples de
l'art de se présenter et de se conduire
dans le monde*, a paru d'abord. Fruit
d'une longue suite d'observations, amu-
sant, varié, utile, il a été accueilli du public avec une faveur extraordinaire : la jeunesse et l'inexpérience se sont plus à y
puiser des enseignemens précieux ; aucun
détail, en effet, n'y a été négligé, aucune
particularité omise. Mis à la portée des
jeunes gens et des étrangers, desireux,
avant de se présenter dans le monde, de
se former une idée exacte des usages, des

singularités, des exigences qui y règnent, le *Code civil* supplée à une expérience qui ne s'acquiert d'ordinaire qu'à la longue, et parfois chèrement.

En moins d'une année, plus de douze mille exemplaires de cet ouvrage ont été vendus, et nous venons de le réimprimer pour la huitième fois.

LE CODE GOURMAND, MANUEL COMPLET DE GASTRONOMIE TRANSCENDANTE, *contenant les lois, règles, applications et exemples de l'art de bien vivre*, a suivi de près le *Code civil*. Sous un titre en apparence futile, il renferme un excellent système d'hygiène et de philosophie pratique.

On y apprend à se faire honneur de sa fortune et de son esprit, à combiner le plaisir et la santé. L'auteur avait déjà fait dans ce genre ses preuves, en publiant, sous le pseudonyme A. B. de Périgord, le spirituel *Almanach des Gourmands*. Rival heureux de Brillat-Savarin et de Grimod-la-Reynière, il a répandu dans son code de gastronomie une verve de gaîté, une finesse d'observation qui en rendent la lecture piquante autant qu'instructive. La quatrième édition qui vient de paraître est ornée, outre la gravure, d'une curieuse carte gastronomique de la France.

LE CODE DE LA TOILETTE, MANUEL COMPLET D'ÉLÉGANCE ET D'HYGIÈNE, *contenant les lois, règles, applications et exemples de l'art de soigner sa personne, et de s'habiller avec goût et méthode*, aussi intéressant, aussi spirituel que ses deux aînés, plus utile peut-être, n'a pas obtenu moins de succès. Tout ce qui peut ajouter à la beauté, affermir la santé, et prolonger l'âge de plaire, s'y trouve consigné en préceptes aussi clairs, aussi précis que délicats. C'est aux personnes éloignées de la capitale que s'adressait surtout ce délicieux petit volume; il en a reçu les suffrages les plus flatteurs, et est déjà parvenu à sa quatrième édition.

LE CODE PÉNAL DES HONNÊTES GENS, MANUEL COMPLET, *contenant les lois, règles, applications et exemples de l'art de mettre sa fortune, sa bourse et sa réputation à l'abri de toutes les tentatives*, avait déjà obtenu, sous le voile de l'anonyme, les honneurs de deux éditions dans le format in-12. M. Horace Raisson a sagement pensé qu'il était nécessaire de le faire entrer dans la série de ses *Codes*. Là, en effet, l'auteur dévoile toutes les ruses, les supercheries dont on est souvent dupe dans le monde. Il signale toutes les industries illégitimes, depuis la fraude à la mode dans le cabinet de l'agent de change et du notaire, jusqu'à la partie inégale d'écarté. Banquiers, avoués, emprunteurs constitutionnels ou absolus, tout est mis à nu dans le *Code pénal* : un chapitre est même consacré aux *contributions levées dans la maison du Seigneur*. Dans ce curieux ouvrage, on trouve de bonnes plaisanteries, de curieux rapprochemens et de piquantes révélations.

LE CODE CONJUGAL, MANUEL COMPLET, *contenant les lois, règles, applications et exemples de l'art de se bien marier, et de vivre heureux en ménage,* paraît aujourd'hui : il vient enrichir cette suite de charmans traités, où la société est envisagée sous toutes ses faces, dans tous ses aspects. Variant sa touche et ses tons, mélangeant la gaîté, la raison, la folie, l'auteur a déployé dans ce nouveau volume toutes les ressources de son esprit aimable et observateur. Le *Code conjugal* va devenir le bréviaire de tous les jeunes ménages : le bonheur attend à coup sûr ceux qui en suivront les délicates maximes, car l'art d'être heureux y est réduit en principes. M. Horace Raisson vient d'élever un phare sur les écueils contre lesquels se sont brisées tant de félicités conjugales.

Un volume est encore sous presse ; il va bientôt ajouter par un nouveau succès à l'attrait de cette charmante collection : c'est LE CODE CULINAIRE, MANUEL COMPLET DU CUISINIER, DE LA CUISINIÈRE ET DE LA MAÎTRESSE DE MAISON, *contenant les lois, règles, applications et exemples de l'art de la cuisine, de l'office, de la pâtisserie et de la cave.* L'auteur de l'*Almanach des Gourmands*, du *Code gourmand*, etc., a voulu offrir à ses lecteurs un ouvrage éminemment utile. Le *Code culinaire* est divisé en cinq parties. La première contient une *Introduction sur la cuisine*, son origine, ses progrès et son état actuel ; la deuxième traite *du Service* ; la troisième, *le Cordon bleu*, contient toutes les recettes de cuisine proprement dite ; la quatrième, *l'Officier*, traite de l'office et de tout ce qui s'y rattache ; la cinquième enfin, *le Gourmet*, embrasse les soins de la cave, et la science de la dégustation. Une vignette et deux planches ornent le *Code culinaire*.

Rien n'égale les soins que l'éditeur apporte à la publication de ces volumes : ils sont tous imprimés sur vélin, et enrichis de gravures de Devéria, de vignettes d'Henri Monnier, de titres gravés de Johannot.

Chaque volume se vend séparément au prix de 3 fr. 5o c., et 4 fr. par la poste. Ces charmans ouvrages, dans lesquels M. Horace Raisson s'est fait l'historiographe de l'usage, du goût et de la mode, obtiennent un succès de vogue : ils en jouiront long-temps, car ils le méritent sous tous les rapports.   L. P.

La COLLECTION DES CODES PUBLIÉE PAR J. P. ROBET *se compose, outre les ouvrages de M. Horace Raisson, des suivans.*

CODE DE LA CONVERSATION, manuel complet du langage élégant et poli, par M. Saint-Maurice. 1 vol. in-18, gravure............ 3 f. 5o c.

CODE DE COMMERCE, manuel com-

plet d'industrie commerciale , contenant les lois, règles, applications et
exemples de l'art de gagner sa vie, et
de faire fortune le plus honnêtement
possible; par M. Saint-Maurice. 1 vol.
in-18 . . . . 3 f. 5o c.

CODE THÉATRAL , physiologie des
Théâtres, manuel complet de l'Auteur,
du Directeur, de l'Acteur et de l'Amateur; par M. A. Rousseau. 1 vol. in-18,
gravure. . . . . 3 f. 5o. c.

CODE DES FEMMES, par M. Carré.
1 vol. in-18. . . . . 3 f. 5o c.

CODE ÉPICURIEN , choix de chansons
anciennes, modernes et inédites, par
M. A. Rousseau. 1 vol. in-18. 3 f. 5o c.

Sous presse.

CODE DE LA CHASSE , par Horace
Raisson.

CODE ANECDOTIQUE , recueil d'anecdotes, histoires et contes inédits en
prose et en vers , par MM. Horace
Raisson , Mortonval et Merville.

CODE CIVIQUE, manuel complet du
citoyen constitutionnel.

IMPRIMERIE DE TROUVÉ ET COMPAGNIE,
rue Notre-Dame-des-Victoires, n° 16.

CODE CONJUGAL.

LA CORBEILLE.

CODE CONJUGAL,

CONTENANT

LES LOIS, RÈGLES, APPLICATIONS ET EXEMPLES
DE L'ART DE SE BIEN MARIER ET D'ÊTRE HEUREUX
EN MÉNAGE;

PAR HORACE RAISSON,

Auteur du *Code Civil*, etc.

To be, or not to be, that is the question.
L'être ou ne pas l'être, voilà la question.

(HAMLET.)

PARIS.

J.-P. RORET, LIBRAIRE-ÉDITEUR,
QUAI DES AUGUSTINS, N° 17 BIS.
LEVAVASSEUR, LIBRAIRE, PALAIS-ROYAL.
1829.

On a tout dit sur le mariage,
et nous ne nous proposons pas,
dans ce petit ouvrage, d'agiter
encore un pour et contre tant de
fois controversé depuis Aristote
jusqu'à M. de Maistre, depuis
saint Paul jusqu'à M. de Labouisse.

Que le mariage soit l'état le plus heureux ou le plus misérable de la vie, un paradis ou un enfer, peu nous importe : nous le peignons sous toutes ses faces, dans tous ses aspects, laissant à chacun à déduire, selon son gré, les conséquences d'un thème si fécond.

Malgré son apparence futile, notre petit livre sera, nous l'espérons du moins, de quelque utilité. Il s'adresse à la fois à toutes les classes de lecteurs ; garçons ou maris, filles, femmes ou veuves.

Aux célibataires , nous enseignons l'art si difficile de se bien marier : après les avoir instruits des moyens de plaire, nous les initions aux plus minces mystères du cérémonial ; nous les conduisons par la main depuis l'étude du notaire , la mairie et l'église , jusqu'au repas et au bal ; ce n'est même qu'à regret que nous les quittons rentrés au logis.

Aux époux, nous révélons quelques-uns des secrets de l'art, plus difficile encore, d'être heureux ; nous traçons la ligne respective

des devoirs et des droits en ménage ; nous appelons enfin une
attention vigilante sur certains de
ces écueils contre lesquels sont
venues se briser tant de félicités
conjugales.

Trop de gens regardent avec
effroi le mariage , et redoutent
de s'aventurer dans ce labyrinthe,
où les menace un autre Mino-
taure. Notre livre sera le fil qui
les fera triompher du monstre.

Ce petit ouvrage forme en quelque sorte la suite et le complé-
ment du *Code Civil* et du *Code*

de la Toilette. En le composant sur le même cadre , tous nos efforts ont tendu à le rendre digne d'un accueil bienveillant ; puisse-t-il avoir un aussi heureux destin que ses aînés ?

H. R.

CODE CONJUGAL.

CODE CONJUGAL.

TITRE PREMIER.

La Veille.

CHAPITRE PREMIER.

LE CONTRAT.

ART. 1.

Le contrat est la pierre d'achoppement du mariage : tout dépend de là, tout s'y rattache (1).

---

(1) Le contrat doit être rédigé avant le mariage, et par acte notarié (Code civil,

2

ART. 2.

Quelque modique que puisse être la fortune des mariés, ils ne doivent en aucun cas négliger de la constater; c'est le seul moyen de ne pas compromettre son propre avenir et celui de ses enfans. Ne voit-on pas d'ailleurs chaque jour, dans le monde, comme dans les mélodrames, des successions inattendues, des libéralités inespérées? grâce au ciel, la noble race des oncles d'Amérique n'est pas tout-à-fait éteinte.

---

art. 1394). Le contrat ne peut, après la célébration, recevoir aucune espèce de modification (Code civil, art. 1395).

⋙· ART. 3. ⋘

Lorsqu'on se rend chez le notaire pour passer le contrat, le marié doit se faire prudemment accompagner d'un ami sûr et dévoué. Les beaux-pères ont en général la mémoire fugitive ; ils omettent parfois de réaliser, sur papier timbré, des promesses importantes : le marié, tout plein de son bonheur, n'a pas l'esprit assez présent pour oser débattre des intérêts pécuniaires ; l'officieux ami écoute, examine, discute au besoin, et les choses s'en passent plus régulièrement.

⋙· ART. 4. ⋘

Dans les mariages d'argent, où le

bonheur s'estime, se marchande et se pèse, le contrat se dresse à l'avance en double ou en triple expédition : on le discute, on le commente; il y a des avocats consultans spéciaux pour ce genre d'affaires, et ce ne sont pas les moins occupés.

ART. 5.

Chacun est libre de se marier à sa guise, et d'insérer dans son contrat les clauses qui lui conviennent. La loi ne régit l'association conjugale qu'à défaut de conventions spéciales, et les époux peuvent faire toutes celles qu'ils jugent à propos. On voit qu'on ne saurait apporter trop d'attention à la rédaction de ce bail irrésiliable de tourmens ou de bonheur.

CHAPITRE II.

LA CORBEILLE.

ART. 1.

Une heure après la signature du contrat, le futur envoie à sa prétendue la corbeille de mariage. C'est en quelque sorte le manifeste conjugal. L'ouverture de la corbeille dévoile tout un avenir. Avare ou prodigue, simple ou fastueux, élégant ou vulgaire, l'époux s'y montre tout entier. On pourrait dire que donner la corbeille, c'est donner son portrait.

⋙• ART. 2. •⋘

« Des goûts et des couleurs il n'en faut pas disputer. » On tâchera donc, pour se conformer à ce sage proverbe, de savoir adroitement quelles sont les étoffes, les parures, les chiffons, qui agréent le plus à la mariée.

⋙• ART. 3. •⋘

Dans l'achat des précieuses bagatelles qui doivent garnir la corbeille, il faut apporter autant de prudence que de soin. Les marchands

parisiens ont coutume de vendre fort
cher aux jeunes gens ; et c'est chose
sage, en telle circonstance, que de
se faire accompagner d'une dame, qui
donne son avis sur le choix des objets,
et en règle ensuite le prix.

ART. 4.

Une corbeille de mariage est plus
ou moins brillante, suivant l'état et
la fortune des mariés ; elle contient
ordinairement :

1°. Un voile long de dentelle ;

2°. Une parure complète de brillans ou de pierres de fantaisie ;

3°. Une montre de Breguet avec sa
chaîne, quelques bagues, et des bi-

joux de fantaisie, tels que la boucle
de ceinture, etc. ;

4°. Deux schals au moins, dont
l'un blanc ;

5°. Une douzaine de robes en
pièces, d'étoffes riches et variées ;

6°. Une bourse contenant de l'or ;

7°. Un livre de messe ;

8°. Quelques douzaines de paires
de gants ; deux éventails ;

9°. Des rubans en pièces, des plu-
mes, des sautoirs, et autres chiffons
de fantaisie ;

10°. Des fleurs artificielles, celles
surtout qui composeront la parure de
la mariée, consistant en une guirlande

blanche mêlée de roses et de fleurs
d'oranger; un bouquet semblable pour
le côté; et le *chapeau* formé de bou-
tons de fleurs d'oranger fermés, sans
fleurs ni feuilles (1).

ART. 5.

Depuis long-temps, la corbeille
de mariage ne consiste plus en un
sultan de satin : c'est maintenant
dans un élégant petit meuble d'a-
cajou ou de bois indigène, que sont
renfermés ces cadeaux qu'une jeune
fiancée reçoit avec un si vif sentiment
de plaisir et de curiosité.

(1) Voir à l'Appendice les noms et
adresses des marchands en vogue.

CHAPITRE III.

LA MAIRIE.

ART. 1.

La mairie est la véritable frontière qui sépare le célibat du mariage. Avant de s'y aventurer, il faut faire son examen de conscience, et bien voir si l'on se sent la force de renoncer au célibat, à ses pompes et à ses œuvres. Chancelle-t-on? vite un parti décisif! Ce que M. le maire lie avec sa blanche écharpe est bien lié,

et plus tard il n'y aurait plus de remède.

❧ ART. 2. ☙

Il est bon de se faire une figure
riante, de se donner un air satis-
fait, en arrivant à la mairie. Il est
de tradition, dans les bureaux de l'é-
tat civil, de tirer l'horoscope des nouveaux époux d'après le système de La-
vater.

Et trop souvent, hélas! les inductions physiognomoniques se trouvent
justifiées!

❧ ART. 3. ☙

Après que les mariés, les pères,

les mères , les témoins ont signé
l'acte de mariage, le maire , monté
sur une estrade , donne lecture aux
époux des articles du Code civil, où
se trouve consignée toute la charte
conjugale (1). On doit écouter avec
attention; et quelque réflexion que

(1) Chap. VI. *Des droits et des devoirs
respectifs des époux.*

Art. 212. Les époux se doivent mutuellement fidélité, secours, assistance.

Art. 213. Le mari doit protection à sa
femme , la femme obéissance à son mari.

Art. 214. La femme est obligée d'habiter avec son mari , et de le suivre partout
où il jugera à propos d'aller. Le mari est
obligé de la recevoir et de lui fournir tout
ce qui est nécessaire pour les besoins de la
vie , selon les facultés de son état , etc.

3

l'on se permette *in petto*, garder un profond silence.

⇒ ART. 4. ⇐

Le maire, s'adressant tour à tour au marié et à la mariée, dit : « Vous prenez pour époux .... ci » présent, et promettez de lui être fi- » dèle ? » Chacun répond avec assurance : « Oui, monsieur. »

Il n'y a pas d'exemple, disent les douze maires de Paris, qu'un semblable serment ait été violé.

⇒ ART. 5. ⇐

Aussitôt que le maire a dit : « Au nom de la loi, vous êtes unis par

le mariage, » le lien civil est prononcé d'une manière indissoluble.

C'était cependant une belle chose
que le divorce !

3.

TITRE DEUXIÈME.

Le Jour.

CHAPITRE PREMIER.

LA TOILETTE.

ART. 1.

C'est une grande affaire que la toilette de la mariée. Dès le point du jour, sa mère, ses sœurs, en disposent les brillans atours. On convo-

querait presque un conseil de famille
pour décider de la grâce d'un volant,
ou de l'élégance des plis du voile.

⋙· ART. 2. ·⋘

Les trois toilettes que la mariée
doit porter, à l'église, au repas,
au bal, sont disposées à l'avance
dans sa chambre. La couturière qui
a fait chaque robe, vient elle-même
habiller. Le coiffeur est retenu pour
la journée entière, afin d'être prêt à
réparer le moindre désordre dans l'é-
difice de son art.

⋙· ART. 3. ·⋘

Le marié envoie avant la messe

chez la mariée, une quantité de bouquets (1), que celle-ci distribue elle-même aux dames.

➣· ART. 4. ⋘

La toilette du marié est fort simple : M. de La Mésangère, suprême législateur en ces délicates matières, recommande celle-ci :

Habit bleu ou noir; pantalon noir collant; gilet de casimir blanc, de piqué, ou de casimir noir; chemise à jabot, et épingle; chaussons de bal avec ou sans boucles.

---

(1) Ces bouquets de fleurs exotiques ne s'achètent que chez madame Prévot, au Palais-Royal, galerie neuve, attenante au Théâtre-Français.

Quant à la mariée, ce qui la pare le mieux, c'est la jeunesse, la grâce, le naturel, et..... le chapeau de fleurs d'oranger.

CHAPITRE II.

L'ÉGLISE.

ART. 1.

Avant de partir pour l'église, les proches parens et les témoins se réunissent chez la mariée autour d'une table élégamment servie. Ce confortable préliminaire dispose chacun à assister à la cérémonie avec plus de recueillement, et à entendre avec une sensibilité réfléchie le larmoyant discours que le cé-

lébrant ne manque jamais d'adresser
à la famille et aux jeunes époux.

ART. 2.

Le déjeûner fini, la jeune fille se
retire un instant dans le salon. Là,
elle demande à son père et à sa mère
leur bénédiction.

Ce n'est que dans les mariages d'inclination qu'il est permis au marié
d'assister à cette scène grave et touchante.

ART. 3.

On se rend à l'église en voiture :
les futurs époux sont accompagnés
séparément de leurs père et mère.

La première voiture est occupée par
la mariée; le marié monte dans la seconde. Ce cérémonial est de rigueur,
et l'on tirerait le plus fâcheux présage
d'une union où, sans égards, le futur
ne céderait point le pas à sa fiancée.

ART. 4.

Le suisse, rayonnant de parure
et de gloire, reçoit le cortége à la
descente de voiture : deux coups de
sa sainte hallebarde avertissent le
clergé, et l'on se dirige vers la sacris-
tie pour signer l'irrésiliable contrat
d'où va dépendre une éternité de bonheur ou de peines.

ART. 5.

Alors la messe commence. Sa durée comme sa splendeur est proportionnée à la fortune, ou plutôt à la libéralité des mariés. La maison du Seigneur a un tarif avec lequel on ne transige pas : un mariage de cinquante francs ne ressemble en aucune façon à un mariage de cinquante louis.

ART. 6.

Il est un soin fort important et trop souvent négligé, c'est de payer à l'avance le prix des chaises. Sans cette précaution, on voit arriver la loueuse tendant la main à chaque assistant, comme si ce n'était pas assez des offrandes et des quêtes, pour troubler l'ordre et le recueillement de la cérémonie.

⥲ ART. 7. ⥺

En sortant de l'église, le père du marié donne la main à la mariée, et la conduit dans la seconde voiture. Le marié accompagne sa belle mère, et prend la place de sa femme dans la première voiture.

⥲ ART 8. ⥺

Nous avons passé sous silence une foule de formalités auxquelles on est soumis à l'église : les demandes du suisse, celles du bedeau, des enfans de chœur, des pauvres, etc., etc.; avec une poignée de menue monnaie, on se débarrasse de toutes ces importunités.

CHAPITRE III.

LE DÎNER.

—

ART. 1.

Le repas de noce se donne ordinairement chez le père de la mariée. Les parens, les témoins, les amis intimes y sont seuls conviés. C'est une fête de famille, où, pour la première fois de la journée, les époux se trouvent réunis à l'abri des curieux et des importuns.

➣ ART. 2. ⪻

Un dîner de noces doit être suc-
culent. Le marié est tenu d'y montrer de l'appétit d'abord, puis de l'esprit, ou du moins de la gaîté.

➣ ART. 3. ⪻

L'étiquette sévère qui, pendant
toute la durée du plus beau jour de
la vie, règle les faits et gestes des
mariés, les poursuit même à table. Les
places doivent y être occupées dans
l'ordre suivant : la mariée entre sa
mère et le père de son mari ; le marié
vis-à-vis de sa femme, entre le père de
celle-ci et sa propre mère ; les parens
plus ou moins près des jeunes époux,

suivant le degré de parenté; les amis des deux familles occupent les bouts de la table.

ART. 4.

Au dessert, un des témoins porte un toast aux mariés, à leur félicité durable, etc., etc.

ART. 5.

L'épithalame, de classique mémoire, est remplacé aujourd'hui par la chanson. Trop souvent l'auteur, meilleur ami que poète, exprime de très-honorables vœux en très-pauvres vers; mais l'indulgence accueille toujours des couplets, et le plus faible refrain est couronné d'un joyeux chorus.

⪼ ART. 6. ⪻

La joyeuse coutume d'enlever la jarretière de la mariée est à présent réprouvée par la mode. Les petits bourgeois et le peuple l'ont seuls conservée ; et ce n'est *qu'extrà muros* que l'on voit sortir de dessous la table un enfant chargé de frais rubans, dont la noce se pare au milieu des plus vifs éclats de gaîté.

CHAPITRE IV.

LE BAL.

—

ART. 1.

Le bal a lieu chez les père et mère de la mariée : les invitations, qui sont faites de concert par les deux familles, s'écrivent à la main au bas des billets de faire part.

ART. 2.

Le premier quadrille est composé des mariés, et des personnages les plus distingués de la noce.

⟫· ART. 3. ·⟪

La mariée danse le moins possible; assise près de sa belle-mère, elle est entourée de ses sœurs et des demoiselles d'honneur. La plupart des danseurs croiraient manquer à la politesse en ne l'invitant pas; elle doit refuser: accepter, serait une civilité fort mal entendue, qui lui vaudrait au moins une courbature.

⟫· ART. 4. ·⟪

Le marié ne doit prendre ni glaces ni orgeat. En fait de rafraîchissemens, il ne peut se permettre que le champagne.

ART. 5.

Au moment où le bal s'anime davantage, la mère de la mariée s'esquive, emmenant les deux jeunes époux. Les danses continuent ; le souper vient consoler tout le monde d'une disparition si prévue ; le grand jour seul interrompt à grand'peine les joueurs animés d'Écarté.

CHAPITRE V.

CONSEILS MATERNELS.

—

Il est deux heures du matin. La scène se passe dans l'appartement des nouveaux mariés. La jeune épouse est enfermée avec sa mère dans la chambre à coucher ; le marié frappe avec impatience à la porte.... Un instant ! un instant ! répond la mère, qui, d'un accent ému, continue de parler bas à sa fille. Celle-ci tremble ; une larme brille dans ses yeux, et s'efface devant un sourire. Enfin, la mère se retire, en bénissant ses heureux enfans.

TITRE TROISIÈME.

Le Lendemain.

CHAPITRE PREMIER.

LE LEVER.

ART. 1.

La mère de la mariée entre la première dans la chambre des jeunes époux, et assiste à leur lever.

ART. 2.

Jadis on apportait dès le point du jour, aux mariés, une succulente rôtie au vin et au sucre. Cette coutume, qui tombe chaque jour davantage en discrédit, nous semble cependant bonne et regrettable.

ART. 3.

Le déjeûner se prend en petit comité : les pères et mères y assistent seuls. Les mariés peuvent ainsi, sans contrainte, exprimer tout leur bonheur, et témoigner leur vive reconnaissance.

ART. 4.

On ne reçoit dans la matinée de

visites que des proches parens et des plus intimes amis des deux familles. La conversation roule alors sur la pluie et le beau temps, sur l'ordre, l'élégance de la fête de la veille, sur la toilette des dames, et autres sujets aussi intéressans.

ART. 5.

Ce n'est plus que dans la petite bourgeoisie que l'on fait un lendemain de noces. On a sagement renoncé à cette fête par continuation, qui n'offrait aux mariés que de la fatigue et de l'ennui.

CHAPITRE II.

DES PRONOSTICS.

—

ART. 1.

Le lendemain du mariage, tout est pronostic. Les événemens les plus vulgaires, les objets les plus simples, ne peuvent être indifférens ; tout semble disposé pour révéler les secrets de l'inévitable avenir.

ART. 2.

Le premier, le plus grave des

pronostics , c'est le rêve que l'on fait durant la nuit des noces. Un esprit-fort n'en va pas chercher l'explication dans le *Traité des Songes* , ni chez mademoiselle Lenormand ; il réfléchit en se grattant le front , observe , compare , et tire inévitablement du premier songe d'utiles inductions.

ART. 3.

Le soleil obscur ou serein , le chant du coq , donnent aussi, au réveil , beaucoup à penser.

ART. 4.

Les premiers individus qu'un nouveau marié quelque peu observateur rencontre, bêtes ou gens, ne peuvent manquer aussi d'avoir sur ses idées quelque influence.

ART. 5.

Il est bien ridicule de croire aux pronostics : Byron, César, Napoléon y croyaient cependant.

TITRE QUATRIÈME.

Le Ménage.

CHAPITRE PREMIER.

LA LUNE DE MIEL.

⋙ ART. 1. ⋘

La lune de miel n'a pas de durée fixe : ses phases sont variables, d'après les degrés divers de sympathie, d'affection, de jeunesse, des nouveaux mariés.

5..

ART. 2.

Cette lune de miel est le véritable moment critique du mariage. Tout en en savourant la douceur, il faut se tracer pour l'avenir une ligne de conduite fixe et immuable, et ne pas imiter ces maris, charmans durant le premier quartier, et détestables dès la pleine lune.

ART. 3.

L'exagération est permise, nécessaire même en amour; en ménage (et la lune de miel est déjà du ménage), il faut, avant tout, du naturel. La seule manière de prolonger la lune de miel est donc de ne pas jouer le

rôle d'amant-mari , et de se montrer
dès le premier jour ce que l'on sera
constamment.

ART. 4.

Il est encore un écueil vers lequel
presque inévitablement on cingle à
pleines voiles dans les premiers temps
du mariage , c'est l'expansion. A huis-
clos, les témoignages de la plus vive
tendresse sont presque de rigueur ;
en public , rien ne prête davantage
au ridicule. Les nouveaux mariés ne
sauraient trop s'observer ; c'est le cas
pour eux de faire l'application du célèbre *dissimulons* mélodramatique.

ART. 5.

Aussi est-ce un excellent usage

que celui des Anglais, qui vont passer ce mois de félicités dans une campagne retirée. Cette mode, depuis quelques années, s'est introduite en France, et ce n'est pas un des moins heureux emprunts que la bonne compagnie ait faits à nos voisins.

CHAPITRE II.

DE LA FAMILLE.

—

ART. 1.

Il faut se conformer aux habitudes, au ton, à la manière de la famille dans laquelle on entre, sous peine de voir la paix bannie de son ménage.

ART. 2.

Du jour où la naissance d'un enfant vient ajouter au bonheur de deux jeunes époux, ils forment de

leur côté une nouvelle famille. Tout
en conservant un profond respect,
une juste reconnaissance aux auteurs
de leurs jours, ils doivent commencer à concentrer leurs affections les
plus tendres dans leur intérieur.

ART. 3.

Comme, en se mariant, on n'é-
pouse pas toute une famille, il est
permis d'avoir, sur ce qui se rattache à la parenté, des opinions
divergentes. (Voyez aux écueils le
chapitre *du petit cousin.*)

ART. 4.

L'affection doit être égale pour
tous les enfans ; si l'on ne peut se

défendre de quelque préférence, il
faut du moins s'appliquer à ne la pas
laisser apercevoir. Les rivalités d'enfance de s'oublient jamais.

ART. 5.

Tous les jeunes gens à marier ne
peuvent pas épouser des orphelines ;
ceux à qui ce bonheur échoit ,
doivent d'éternelles actions de grâces
à leur étoile protectrice.

CHAPITRE III.

LE SALON.

ART. 1.

Le salon est le terrain neutre de l'empire conjugal : chacun y est maître à son tour, suivant ses attributions respectives.

ART, 2.

Un jour de bal, monsieur ne paraît au salon qu'incognito, sans conséquence, presque comme un invité.

ART. 3.

Après un dîner d'affaires, lorsque l'on parle chaudement de la rente, de la Russie, du ministère, monsieur triomphe; il préside : madame se tient alors bien modeste dans un petit coin ; heureuse lorsqu'un partner aimable lui tient compagnie.

ART. 4.

Lorsqu'il y a brouille dans le ménage , quelle que soit la position respective des puissances belligérantes , les hostilités sont suspendues au salon. Il faut rigoureusement que les époux soient toujours aimables , attentifs , sereins, *coram populo*.

6

ART. 5.

Dans leur salon , des maîtres de maison doivent être parfaits : monsieur n'y joue donc pas ; madame se montre indulgente , naturelle , et ne laisse pas ses enfans étourdir ou impatienter les invités.

CHAPITRE IV.

LA CHAMBRE A COUCHER.

—

ART. 1.

Parfois une guerre intestine s'allume même dans le meilleur ménage; c'est toujours alors dans la chambre à coucher que se conclut le traité de paix.

ART. 2.

La nuit porte conseil, et se fût-on boudé vingt-quatre heures, on se

trouve le matin naturellement disposé
au raccommodement.

▷ ART. 3. ◁

La chambre à coucher est aussi le
théâtre des petites confidences, des
tendres reproches, des demandes indiscrètes. Un mémoire de mademoiselle Céliane, de Franchet ou de Na-
tier, serait, dans le cabinet de monsieur, commenté, blâmé, rejeté peut-
être : dans la chambre à coucher, on
l'acquitte d'un air tout aimable.

▷ ART. 4. ◁

Les Anglais regardent la chambre
à coucher comme le *sanctum sancto-*

rum. Jamais un étranger n'y est admis; les membres de la famille n'y pénètrent même que dans des circonstances urgentes. Chez nous, cette pièce de l'appartement est accessible comme toutes les autres. Si une légère indisposition retient chez elle la maîtresse de la maison, c'est dans sa chambre à coucher qu'elle reçoit : il y a dans cet usage quelque chose d'hospitalier, de cordial, que la morgue anglaise ne saurait apprécier.

ART. 5.

Au temps où il était de bon ton d'avoir deux appartemens séparés, un mari ne serait pas entré dans la chambre à coucher de sa femme, sans se

6..

faire annoncer : ce procédé si galant
sous Louis XV et la régence ,
aujourd'hui une injure, aussi crie-t-on
au noble faubourg que le goût se perd,
et que la révolution a tout gâté.

CHAPITRE V.

LE BOUDOIR.

—

ᗘ· ART. 1. ᗕ

Boudoir, endroit où l'on se retire pour bouder. Cette définition, tout-à-fait académique, n'a pas le sens commun; s'il est une chose que l'on ne fasse pas dans le boudoir, c'est assurément la moue.

ᗘ· ART. 2. ᗕ

Le boudoir est pour une femme

ce qu'est le cabinet pour son mari. Là, elle est chez elle, et soit qu'elle en fasse un sanctuaire consacré aux beaux arts, soit qu'elle le voue à la coquetterie, nul importun ne saurait l'y déranger.

 ART. 3.

Il est des maris despotes qui veulent à toute force avoir une double clé du boudoir. Une telle exigence est injuste à la fois et impolitique. Elle deviendrait inutile au besoin, grâces à l'invention des escaliers dérobés. La Fontaine aurait dû dire :

     .....Confiance
Est mère de sûreté.

CHAPITRE VI.

DES ENFANS.

ART. 1.

La naissance des enfans resserre plus étroitement les doux nœuds du mariage, en mettant en commun une nouvelle somme de plaisirs, d'angoisses et de bonheur.

ART. 2.

Pour l'éducation des enfans, il faut se faire un plan sage et arrêté. Leur esprit impressible est vivement frappé des plus légères contradictions.

ART. 3.

La douceur est de tous les moyens le plus puissant sur l'enfance. Montaigne et Jean-Jacques l'ont dit long-temps avant nous ; mais la routine répète « qu'il faut imposer des privations aux enfans, et placer l'apprentissage des douleurs à l'époque où les chagrins sont légers. » Avec ce système, on se fait craindre : mieux vaut se faire aimer.

ART. 4.

La douceur toutefois ne doit pas dégénérer en faiblesse ; les enfans gâtés deviennent bien rarement des hommes, et la trop grande complaisance des pères prépare aux maris une tâche difficile à remplir.

ART. 5.

Les préférences accordées par une mère à un de ses enfans lui alièent inévitablement le cœur des autres. La jalousie est une passion instinctive dans le premier âge, et les traces s'en effacent difficilement.

CHAPITRE VII.

LA FEMME DE CHAMBRE.

ART. 1.

La femme de chambre a une grande influence sur la félicité conjugale. Confidente née des secrets du ménage ; adroite et fine , elle sera toujours disposée à en abuser ; sotte, elle commettra à tout propos des inconséquences ou des balourdises. C'est un art difficile et rare , que celui de bien styler une femme de chambre.

ART, 2.

Incessamment placée entre les ordres de Monsieur et les caprices de Madame, elle doit sembler également soumise et dévouée à chacun. Il faut qu'elle ait, dans l'occasion, de l'esprit, de la prudence, du sang-froid pour sa maîtresse. Les valets de l'ancienne comédie sont des idéalités ; une femme de chambre émérite laisse loin derrière elle les plus rusées soubrettes de théâtre.

ART. 3.

Il y a deux classes bien distinctes

de femmes de chambre. L'une se compose des jeunes et jolies ; dans l'autre, se rangent les laides et les vieilles. Chacune a ses avantages, chacune a ses inconvéniens. Les jeunes sont coquettes, étourdies, indiscrètes ; les vieilles sont curieuses, tristes, acariâtres ; somme toute, on doit passer quelque chose à la jeunesse, et faire entrer en ligne de compte le plaisir d'avoir près de soi une femme de chambre accorte et avenante, plutôt qu'une camariste quinteuse et renfrognée.

◆ ART. 4. ◆

Il arrive cependant un moment où ces dernières doivent obtenir la préférence : c'est lorsque le fils de la maison sort du collége et vient demeurer à l'hôtel, pour suivre les cours de l'École de droit ou de la Faculté des lettres.

CHAPITRE VIII.

LES ÉGARDS ET LES POLITESSES.

ART. 1.

Il faut se garder de confondre les égards et les politesses ; ce sont choses fort dissemblables, et plus d'un mari, pour n'avoir pas su établir cette subtile distinction, a vu la paix déserter son ménage.

ART. 2.

Un mari confie à sa femme ses

peines, ses inquiétudes ; il la consulte
sur ses intérêts, et ne s'embarque
pas dans une opération difficile
avant d'avoir pris son avis : voilà des
égards !

ART. 3.

Attentif, prévenant, un autre est
constamment aux ordres de sa femme;
il l'accompagne au bal, au spectacle,
ne va pas dans le monde sans elle,
rentre toujours avec un visage aimable, risque même parfois un galant compliment : voilà de la politesse !

ART. 4.

M. De Labouisse, le plus ferme

champion du conjugalisme , a dû
dire quelque part , en parodiant un
mot célèbre : « On doit des égards à
» toutes les femmes , on ne doit des
» politesses qu'à la sienne. »

ART. 5.

Il y a toutefois une exception à
cette règle générale.

Dans les mariages d'argent, qu'on
appelle plus décemment mariages de
convenance , les égards sont seuls
rigoureusement dus.

TITRE CINQUIÈME.

Écueils.

CHAPITRE PREMIER.

LE PETIT COUSIN.

Signalement : Le petit cousin est de l'âge de la mariée ; ils ont été élevés ensemble. Dans leurs jeux enfantins, ils étaient toujours d'un parfait accord. Ils se tutoyaient ; mais depuis que l'un est sorti du collége et l'autre du couvent , le *vous* cérémonieux leur a été recommandé ; ils font tout ce qu'ils peuvent pour ne pas l'oublier.

Le petit cousin est aimable , spirituel , ouvert. Depuis le mariage de sa cousine , cependant , il est devenu un peu plus réfléchi , et sa gaîté a moins de naturel et d'abandon.

Instruction : Il n'y a pas de parti mixte à prendre avec un petit cousin ; il faut lui fermer sa porte , ou le recevoir cordialement, comme un un ami , un parent. Le premier moyen est brutal ; le second paraît dangereux. Cependant, à bien prendre , le petit cousin n'est qu'un enfant; il ne s'agit que d'avoir sur lui quelque empire. En effet, dans l'extrême jeunesse, il y a quatre périodes d'amours bien distinctes.

Fille ou garçon, on aime d'abord tout le monde : première période. Arrive ensuite le sentiment du petit mérite personnel, et alors on s'aime soi-même : deuxième période. Tout à coup un feu inconnu s'allume dans le cœur ; on aime à tort et à travers, sans savoir quoi : troisième période. Enfin la vingtième année approche ; l'intelligence s'éclaire ; il faut aimer quelqu'un, quelqu'un que l'on aimera seul : cette quatrième période est celle de tous les petits cousins passés, présens et futurs.

C'est un stratagême fort innocent, que de donner le change à un cœur novice ; une jeune tête s'exalte si facilement ! Une fois le petit cousin persuadé qu'il est sérieusement épris de quelque veuve expérimentée , de quelque demoiselle sur le retour , sa vivacité oisive n'a plus rien d'inquiétant. On assure ainsi son propre repos et le bonheur d'un parent à qui l'on ne pourrait se défendre de s'intéresser ; rien n'est plus facile alors que d'en faire un ami sûr et solide.

On nous répondra qu'une telle tactique manque quelquefois. C'est par pure maladresse !

CHAPITRE II.

—

C'est une belle chose que l'amitié, et quand on ne lui devrait que les discours éloquens et les beaux vers qu'elle a inspirés, on serait encore obligé d'en convenir. Ce n'est cependant pas pour en vanter le charme et les doux épanchemens que nous la faisons figurer ici. Orateurs et poètes, depuis Cicéron jusqu'à Delille, ont oublié dans leurs *de Amici-*

tia le chapitre des amies de pension. Sans prétendre combler la lacune, nous essaierons d'en esquisser quelques traits.

Dès qu'il est question dans le monde du mariage d'une jeune personne, les amies de pension accourent : à leurs questions volubiles, on juge que c'est la curiosité bien plus qu'un tendre intérêt qui les excite...Tu te maries? ton prétendu est-il aimable, beau?... l'aimes-tu?... voyons la corbeille? Puis viennent les commentaires, les projets. On se quitte : celles qui sont filles lèvent au ciel un regard d'envie; celles qui sont mariées poussent un soupir de regret ou de souvenance.

Après la noce, où les amies de pension se sont fait remarquer par leur
petit air important, les visites deviennent plus fréquentes ; chaque
jour on propose, on engage quelque
partie nouvelle. La promenade, les
marchands, la campagne, le spectacle,
s'emparent si bien de tous les mo-
mens de la jeune femme, que son
mari trouve à peine le temps de l'en-
trevoir dans le cours de la journée.

C'est là le moindre inconvénient de
ce redoublement de tendresse renou-
velée du pensionnat.

Mais le mari hasarde un léger reproche ; sa femme reconnaît son
tort involontaire, et promet sin-

cèrement de ne plus se laisser
ainsi ravir le temps qu'elle peut passer si heureuse près de l'époux qu'elle
aime. Elle refuse donc les invitations
que ses amies viennent lui faire.
Celles-ci s'étonnent, se piquent,
pressent de questions; la jeune femme
avoue enfin que son mari paraît dé-
sirer la voir plus souvent près de lui.
— Ah! monsieur est jaloux! — Non,
il m'aime. — Le despote! laisse-le
faire, ce sera bientôt une tyrannie;
que tu seras heureuse, ainsi claque-
murée! Mon mari a voulu me mener
ainsi; j'ai bien souffert à le contrarier; maintenant il en passe par où
je veux. — Mais, mes amies, vous
vous méprenez; mon mari n'exige
rien, ne se plaint de rien; je pense

seulement que, sans fuir le plaisir, je puis lui consacrer plus d'instans. — Pauvre petite ! si douce, si résignée.... Puis arrive le chapitre des conseils. Leur instance est d'abord bien faible ; mais, à force de revenir à la charge, de répéter des plaintes, de faire des comparaisons, de saisir de fausses apparences, elles tournent bientôt la tête de la jeune épouse, qui troque enfin le bonheur contre la dissipation.

A cela, quel remède ? Nous n'en connaissons pas de certain. On ne peut empêcher une jeune femme de voir ses amies de pension : tout ce que le mari peut faire, c'est de la quitter le moins possible pendant ces visites, qui bientôt deviendront plus rares. Si sa femme est douée d'un sens droit, il peut encore lui faire envisager avec ménagement le danger des influences étrangères, des conseils et des exemples. S'il s'applique en même temps à lui procurer d'agréables distractions, des plaisirs sans monotonie, s'il l'entoure d'un cercle d'amis aimables et sûrs, il n'a plus rien à redouter des amies de pension. Beaucoup de maris redoutent pour leurs femmes la société des jeunes gens, et préfèrent les voir entourées de femmes ; ils ont tort. On pourrait dire avec justesse : « Les amies de pension ont plus désuni de ménages que les galans. »

CHAPITRE III.

L'ARGENT.

C'est un point délicat et sur lequel les avis seront long-temps partagés, que celui de savoir si, dans un ménage bien réglé, la bourse doit être commune, et la clef du secrétaire en double partie.

De graves esprits pensent que le mari étant le chef, l'administrateur de la communauté, doit seul avoir le maniement des deniers. La loi en a

8..

décidé ainsi, et ; à la rigueur, force serait à la femme de s'y soumettre. Mais d'un autre côté, certains philosophes, de ceux surtout qui voient au-delà du présent, et font entrer en ligne de compte, à côté des avantages, les conséquences fâcheuses, sont d'avis que la prudence et le bon sens doivent, dans ce cas comme dans nombre d'autres, modifier la loi.

Le plus dangereux ennemi du bonheur des jeunes femmes, et par contre-coup du repos des maris, c'est l'imagination. Le jour où elles se croient opprimées, il n'est rien qu'elles ne soient capables d'entreprendre pour s'affranchir, ou du

moins se venger ; leur refuser une
chose juste, c'est allumer en elles la
volonté de l'obtenir et le desir d'en
abuser.

Certes , il n'appartient pas à la
femme de s'ingérer dans la gestion
des revenus communs , et il y aurait
folie à elle d'avoir une telle préten-
tion ; mais il est naturel qu'elle parti-
cipe à tous les avantages que procure
la fortune. Dans la plupart des ménages parisiens , le mari alloue à sa
femme une somme fixe pour sa toilette et sa dépense particulière. Rien
ne nous semble moins convenable.
Une femme, obligée d'attendre la fin
du mois pour toucher ses appointe-
mens , ses gages , ne se trouve pas

obligée à plus d'économie, et se voit parfois contrainte d'ajourner le mémoire d'une couturière, d'une modiste, d'un bijoutier. C'est en confiant sans réserve à sa femme la position vraie de la fortune commune, qu'on l'intéresse à n'en user qu'avec sagesse et économie.

Quant à ces maris, comme on en voit trop, refusant à leurs femmes les moyens de paraître ainsi qu'il convient à leur état dans le monde; grondant, criant misère à tout propos, nous n'en parlerons pas. C'est une mauvaise économie que celle qui met une femme aux prises entre la coquetterie et la sagesse. Le bonhomme Platon écrivait, il y a quelques

mille ans : « Il semble que l'or et la
» vertu soient placés des deux côtés
» d'une balance, et qu'on ne puisse
» ajouter au poids du premier, sans
» que l'autre devienne au même ins-
» tant plus léger. »

CHAPITRE IV.

LES VOYAGES.

—

Il ne faut pas accorder une foi trop aveugle à la sagesse des proverbes : il y aurait, par exemple, exagération à croire qu'inévitablement *les absens ont tort*; et les temps modernes ont eu aussi leurs Pénélopes. Dans combien de cas d'ailleurs un mari ne se trouve-t-il pas, en dépit qu'il en ait, obligé d'entreprendre un voyage! Les successions à recueillir, les procès à terminer, les faveurs à obtenir, mettront son bonheur aux abois, s'il ne se reconforte de quelques bonnes réflexions philosophiques : avec ce diable de proverbe, on tremblerait d'être nommé député; on se croirait perdu le jour où l'on serait promu à une ambassade.

Un mari aimé de sa femme (et dans cette utopie conjugale, nous admettons qu'il en est toujours ainsi), doit donc, lorsque des circonstances impérieuses le forcent à se séparer d'elle, se mettre gaîment en route, dégagé de soucis, d'inquiétudes; ne songeant qu'au moment heureux du retour; libre à lui, toutefois, de prendre à l'avance ses précautions, pour que les heures de l'absence ne coulent ni

trop tristes, ni trop douces, pour sa
chère moitié. Sans l'entourer de plaisirs, il fait sagement de veiller à ce
que l'ennui, non plus que la solitude,
ne viennent lui peser. C'est un sot cal-
cul que celui de ces égoïstes qui veulent qu'avec leur présence tout manque à la fois; dans un entier abandon
de distractions et de plaisirs, une
jeune tête travaille trop vite; le souvenir et la comparaison l'exposent à
d'étranges réflexions.

Beaucoup de maris, et nous n'ose-
rions décider si ceux-là sont les plus
sages, engagent, au moment d'entreprendre un voyage de quelque durée,
leur jeune épouse à rentrer dans le
sein de sa famille, et à demeurer près

de sa mère ou de quelque parente
âgée. Une telle prévoyance n'aboutit
à rien. L'indulgence d'une mère, une
fois sa fille mariée, connaît en général peu de bornes, et la jeune femme
elle-même saurait au besoin s'affranchir d'une surveillance incommode.

C'est en la laissant libre de sa personne, de ses actions, qu'on s'assure
bien mieux de son souvenir; les soins
d'une maison à diriger, la surveillance des intérêts communs, lui
laissent d'ailleurs assez peu de loisir,
pour que le chagrin n'ait pas trop
grande prise sur son esprit incessamment occupé.

« L'amour absent inventa l'art d'écrire, » a dit je ne sais quel élégiaque : une correspondance vive et cordiale est en effet encore une conversation ; et sans se jeter dans les lieux communs de séparation, de regrets, d'absence, un mari peut se montrer aimable, tendre même dans ses lettres ; et, ce nous semble, on peut voyager sans crainte, lorsque l'on sait faire attendre avec anxiété l'heure du courrier.

CHAPITRE V.

LA DANSE.

—

Rien que sur le titre de ce chapitre, nos aimables lectrices vont se scandaliser bien fort ; hâtons-nous donc de dire humblement que si nous osons ranger ici la danse au nombre des écueils conjugaux, ce n'est pas faute de savoir que l'amour immodéré du bal porte de plus rudes atteintes à la bourse qu'à la félicité morale des maris.

Nous ne prétendons pas, ridicules

censeurs, blâmer les jeunes femmes
de leur goût pour la danse : cet exer-
cice est le plus vif, le plus aimable
parmi ceux auxquels elles se livrent;
il pourrait être en même temps le plus
salutaire.

Le bal offre mille charmes à une
femme jeune et jolie : les ressources
de la toilette, l'éclat des lumières, l'a-
nimation de la danse, rehaussent la
beauté, et doublent le charme de l'é-
légance et de la grâce; des hommages
flatteurs et délicats viennent à tout
instant caresser l'oreille satisfaite; au
bal enfin, toutes les petites passions
d'un cœur de femme se trouvent en
jeu : coquetterie, rivalité, amour-
propre.

Mais à quel prix achète-t-on des succès si flatteurs et si passagers. Ces veilles exagérées ne détruisent-elles pas la santé? ces toilettes délicieuses et légères, n'exposent-elles pas à tous les maux cruels qu'entraîne un brusque changement d'atmosphère? ce mouvement, ce bruit, cette effervescence de gaîté et de plaisir, ne rompent-ils pas, par une diversion trop vive, les habitudes ordinaires de la vie? et au retour, ne trouve-t-on pas chez soi quelque uniformité, quelque ennui? Le bal, tel que nos usages l'ont fait, a cessé d'être une distraction agréable; les apprêts en sont un travail, le plaisir en est une fatigue, et le résultat un danger.

APPLICATIONS.

APPLICATIONS.

Méditations sur la Philosophie entre Epoux.

Code Civil, chap. VI. *Du Mariage*.

Art. 212. « Les époux se doivent
» mutuellement fidélité , secours ,
» assistance.

Art. 213. » Le mari doit protection
» à sa femme, la femme obéissance
» à son mari.

Art. 214. » La femme est obligée
» d'habiter avec le mari , et de le

» suivre partout où il juge à propos
» de résider. Le mari est obligé de la
» recevoir, et de lui fournir tout ce
» qui est nécessaire pour les besoins
» de la vie , selon ses facultés et son
» état , etc., etc., etc. »

Il faut convenir que messieurs les
législateurs se sont montrés un peu
exigeans dans leur chapitre du mariage , et que, si l'on n'aidait à la let-
tre, il deviendrait d'une difficulté extrême de couler dans ce doux lien
des jours filés d'or et de soie.

Que la femme soit fidèle à son
mari, rien de plus juste ; celui-ci
d'ailleurs , par un légitime retour, a
juré aussi, devant le maire, de lui

garder fidélité : mais qu'elle *suive* son mari comme son ombre, qu'elle lui doive *obéissance*, il y a là de quoi révolter toutes les jeunes mariées du monde. Elles n'ont certes pas tort de crier à la tyrannie, et de se plaindre de ce que « *les hommes font les lois.* »

Mais comme aussi « *les femmes font les mœurs* », le bel échafaudage de la féodalité conjugale a, de tout temps, été sapé par la base.

La première condition du bonheur dans le mariage, c'est l'accord. Or cet accord ne peut être le résultat que d'une sorte de condescendance, de certaines concessions réciproques, auxquelles le nom de philosophie

s'applique , aussi bien , au moins,
qu'aux leçons du docte M. Cousin.

Nous savons qu'en ménage n'est
pas philosophe qui veut : il y a de
ces esprits chatouilleux , de ces caractères intraitables , qu'un rien ef-
fraie ou rebute ; c'est à eux de savoir rester dans le célibat , ou de se
résigner à faire ici-bas l'apprentissage
du purgatoire.

Quel destin plus digne d'envie
cependant , que celui de deux époux
doués d'une égale dose de philosophie ! Pour eux disparaissent les dif-
rences d'âges , de goûts , d'humeurs ;
ils mettent à profit toutes les petites
félicités du mariage , savent se débar-

rasser de ses embarras, se rire de ses peines, de ses soucis; leur devise est : indépendance et liberté.

Que l'on ne croie pas, toutefois, que ces unions assorties dont nous vantons le bonheur, soient de la nature de celles dont la régence et le régne de Louis XV offrirent tant de scandaleux modèles ; nous prisons l'indulgence, mais non l'éloignement et les honteuses conventions ; nous ne comprendrions aucune similitude entre une moderne union de la Chaussée-d'Antin, et le ménage du marquis Dubarry ou de madame d'Épinay-St-Luc.

Tous les goûts sont dans la nature, mais l'exemple, le caractère, l'éducation décident seuls de ceux qui sont départis à chacun. Avant d'unir deux jeunes gens, on prend en général trop peu de soins de s'enquérir de leur conformité d'humeurs; doivent-ils pour cela vivre malheureux et en état de guerre ouverte?

Un mari aime l'étude, la simplicité, la retraite; sa femme ne se plaît que dans le monde, le faste, la dissipation; sera-t-il nécessaire que l'un sacrifie son bonheur au caprice de l'autre? La philosophie conjugale n'est-elle pas alors un devoir, presque une vertu? Il y a toujours danger à contrarier un vif désir ou une habitude dès long-temps contractée;

le plus sage est de laisser une jeune
femme satisfaire ses goûts de danse,
de parure, de spectacles, au lieu de
s'opposer à sa volonté. On fait ainsi
naître la satiété, où l'on aurait ai-
guillonné le caprice, et la soumission
se montre bientôt, où se fut stimulée
la résistance.

La plupart des jeunes mariés ne
réfléchissent pas assez mûrement sur
l'importance du mariage ; ils ne le
considèrent pas, en général, dans
toute sa gravité. Certes, de sérieuses
pensées doivent naître dans l'esprit,
lorsque l'on envisage la sévérité de
ce lien, sa durée, surtout. Il ne s'a-
git plus là de vivre au jour le jour ;
c'est un plan de bonheur continu

qu'il faut se créer; les petites passions, l'amour-propre, la vanité, la
jalousie, n'y doivent entrer pour
rien; tel qui a ri garçon du philosophisme entre époux, en apprécie
la nécessité le lendemain du mariage,
et, en dépit des sourds mouvemens
auxquels son cœur se livre, prend la
ferme résolution d'en adopter pour
boussole les sages maximes.

Ce système raffiné de félicité conjugale trouve cependant, nous devons l'avouer, quelques contradic-
teurs : l'espèce de discordance, d'iso-
lement des plaisirs et des peines qui
en forme la base, est de nature,
disent-ils, à affaiblir l'affection mutuelle et la confiance, si nécessaires

entre époux. Erreur! grave erreur! La plus aimable intimité, la cordialité la plus touchante règnent constamment dans ces unions, que jamais le plus léger nuage, la moindre contrariété ne peuvent troubler; et si quelque peine, quelque malheur imprévu viennent les assaillir, on y voit la sollicitude, la tendresse, le dévouement, portés aux plus sublimes élans.

Il est encore une classe d'époux à qui le philosophisme paraîtrait une condition insupportable; ce sont ceux à qui le calme pèse, et qui se trouvant malheureux d'un bonheur continu, pensent qu'un peu de contrariété jette de la variété dans la vie;

pour ceux-là, rien de plus facile que
de les satisfaire. Leur reproche est le
meilleur éloge de ce qu'ils tentent de
critiquer; et il reste encore; au pis-
aller, aux amateurs de ces sortes de
péripéties, la ressource d'aller chercher des querelles et des émotions
hors de leur ménage.

Une dernière et grave considération fera apprécier, mieux que tout
ce que nous pourrions dire encore,
l'importance de la philosophie entre
époux : elle est assurément le meilleur garant de la fidélité. La jalousie,
le soupçon, le reproche sont les
sources les plus fécondes de désunion ; l'indulgence aimable, la confiance sans bornes, rendent seuls du-

rables les vrais attachemens : l'on n'est pas tenté de courir après le bonheur, lorsque, sans efforts, on est assuré de le trouver chez soi.

Il est un point dans le mariage sur lequel on n'insiste pas assez; c'est que l'infidélité des maris, cette source permanente de trouble, de querelles et de réciprocités, est la plupart du temps le résultat du peu de peine que les femmes prennent pour leur plaire. Combien de jeunes personnes, charmantes avant le mariage, se croient, une fois unies à celui qu'elles enviaient pour époux, dispensées d'amabilité, de prévenances, de douceur même. Un jeune

homme, avant de songer à se marier,
a nécessairement connu le monde,
étudié les femmes ; il sait que l'on
tenterait en vain, par des plaintes,
de réformer leurs travers ; il se tait
donc, et se console de son mieux,
en s'éloignant d'un intérieur qui lui
offre trop peu d'attraits. Mais la
femme, dont toute l'expérience se
borne à des souvenirs de pension,
s'étonne d'abord, cherche à s'expli-
quer cette injurieuse froideur, et
bientôt, de la bouderie passe aux reproches et à l'exagération.

Une telle union sera pour les
deux époux une source de peines
et de maux ; ils étaient destinés ce-

pendant à passer ensemble une existence douce et digne d'envie. Que
leur manque-t-il pour être heureux ? De la philosophie.

Des Jeunes Filles.

—

« Les choses ne passent point de l'imagination à la réalité qu'il n'y ait de la perte. » Ce mot de Fontenelle, si plein de sens et de justesse, est surtout d'une application parfaite à l'égard des jeunes filles que l'on marie.

Combien les pensers que l'on se forme du mariage sont loin de le retracer tel qu'il est. On voit bien par le monde des maris difficiles, bourrus, jaloux, des femmes dissipées ;

mais tout cela passe sur le chapitre des exceptions, des malheurs. Il n'y a nul fruit à retirer pour une jeune imagination de telles remarques, car les causes restent inconnues. En regard d'ailleurs de quelques mauvais ménages, que d'autres où respire le bonheur, où règne la paix !

Si d'ailleurs une jeune personne, en présence d'affligeans tableaux, prend parfois quelque peu de haine pour le mariage, l'amour-propre ne vient-il pas promptement à son secours? avec des qualités, de l'esprit, des charmes, on doit fixer un mari; le bonheur attend à coup sûr la femme qui sait et veut se faire aimer. Voilà ce qu'on se dit d'abord. Bientôt un tendre pen-

chant vient dissiper quelques restes
de prévention. L'homme qu'on préfère est supérieur à tous les hommes;
il a le cœur bon, il aime sincère-
ment : que de gages d'espérance ! Les
exemples alarmans disparaissent ;
c'est sans raison qu'on s'est laissé
alarmer ; le mariage ne présente
qu'une perspective brillante de jours
heureux : voilà pour l'avenir. Pour
le présent ; une fête, des hommages,
des parures, des présens ; puis cette
liberté si douce, si nouvelle, ce
nom de madame, et une maison
à gouverner. On se marie.

Un mois s'écoule : le mariage est
tel à peu près qu'elle se l'était figuré.
Un second mois succède, on croit

s'en être un peu exagéré les charmes.
Au troisième, quelque changement
se fait remarquer ; il est bien rare
enfin qu'avant la fin de l'année , on
n'ait pas reconnu « que les choses ne
passent pas de l'imagination à la réalité , qu'il n'y ait de la perte. »

D'un autre côté , si les jeunes filles
savaient exactement ce qui revient
dans le mariage ; si elles pouvaient ,
exemptes de toute illusion , en cal-
culer froidement les chances , mettre
en balance les avantages et les inconvéniens, les mécomptes et les surprises
que l'on y trouve, verrait-on beaucoup
de demoiselles à marier? Tout est , ce
semble pour le mieux; et au lieu d'attri-
buer au caractère des époux , à leurs

torts, à leurs querelles, la satiété et
le refroidissement qui désunissent
tant de ménages, il vaudrait mieux
s'appliquer à bien connaître les véri-
tables causes qui passent sur le chapitre des incompatibilités d'humeur.

Ainsi une cause permanente, in-
curable, de la désunion des époux, est,
nous le croyons du moins, l'étrange
système d'éducation adopté pour les
demoiselles, et les fausses idées qu'on
leur inculque sur le mariage.

« Les petites filles, a dit Turenne,
croient que les maris caressent toujours leurs femmes, comme on pense
qu'un général d'armée a toujours
l'épée à la main; et cependant on

fait souvent une campagne sans la tirer une seule fois du fourreau. » Turenne était observateur, et ce qu'il dit des petites filles est vrai aussi pour les grandes.

Toutes se persuadent qu'un époux est constamment amoureux de sa femme : si un exemple vient prouver la fausseté de leur système, elles s'en prennent, non à la marche naturelle de l'amour, mais bien aux imperfections de la femme ou à l'inconstance du mari.

La plus grande occupation des femmes, ce qui les touche le plus vivement et le plus long-temps, c'est l'amour ; et madame de Genlis a rencontré juste, en disant : « L'amour est la vie des femmes. » Il semble qu'il soit dans l'imagination des femmes de se laisser, plus facilement que les hommes, subjuguer par la puissance de l'amour. Cette passion n'est qu'accessoire pour le mari ; elle remplit l'existence de la femme.

Les jeunes personnes, élevées par leurs mères, ou par des femmes toujours plus ou moins soumises à l'influence de l'amour ou de ses doux souvenirs, n'apprennent jamais ce qu'il leur importerait tant de savoir sur une passion qui les attend, et à laquelle rien ne saurait les soustraire. On craint de leur parler de l'amour, et on leur parle à

chaque instant du mariage. Cette réserve aiguillonne la curiosité : aussi,
une conversation saisie au passage,
un livre parcouru en cachette, exci-
tent les jeunes imaginations; et c'est
de cette sorte d'instruction furtive
qu'on retire tant de notions fausses,
insidieuses; l'on apprend ainsi à se
former une manière de voir et de juger qui, plus tard, compromet le
repos, dissipe le bonheur.

Qu'une jeune fille, en épousant
l'homme de son choix, se flatte d'être
toujours aimée, rien de plus naturel;
l'affection la plus tendre et la plus
sincère doit être le juste retour de
son attachement. Mais qu'elle pré-
tende être constamment aimée d'a-

mour, de cet amour qui s'exprime en termes brûlans avant le mariage, il y a impossibilité : c'est ce que la mère devrait de bonne heure dire à sa fille ; puisqu'elle l'élève pour être épouse, elle devrait lui enseigner à juger sainement de l'avenir conjugal.

Madame de Sévigné mariait sa fille, jeune, aimable, belle, au marquis de Grignan. Les cinquante mille écus d'or qui formaient la dot étaient comptés sur une table : « Comment se fait-il, disait-elle, que je sois obligée de donner tout cet or à M. de Grignan pour qu'il couche avec ma fille ? » Se ravisant, elle ajouta : « Mais il y couchera encore demain, après-demain, dans un an, toujours ; ah !

ce n'est pas trop d'argent pour cela. »
Toutes les mères devraient raisonner
avec ce sens profond; toutes devraient apprendre à leurs filles, avant
de les marier, ce que leur enseigne
l'expérience. Celles-ci alors , deve-
nues épouses à leur tour, ne s'atten-
dant pas à trouver dans leurs maris
une flamme inextinguible, se con-
tenteraient de l'amour tel qu'il existe
réellement : fragile et passager de sa
nature , mais facile aussi à ranimer ,
et toujours disposé à se convertir en
véritable estime , en sincère amitié.

Le roi Alphonse de Portugal pré-
tendait que, pour vivre en paix dans
le mariage , il faut que l'homme soit
sourd et la femme aveugle. Cette

boutade peut être vraie pour les
époux qui ne s'aiment pas, et qui
ne s'estiment guère, mais non, pour
ceux dont la conduite est pure; et le
bonheur qui prend sa source dans
l'amour conjugal, pour être calme
et réfléchi, n'en est certes pas moins
délicieux et durable.

Lieux-communs, Pensées, Conseils.

Epicure répétait souvent qu'il faut avoir des maximes, c'est-à-dire, des vérités réduites en propositions courtes et claires, pour servir de règle et d'appui à l'esprit incertain, quand il n'a pas le temps de discuter avec lui-même.

(DIOGÈNE, *Laër.*, liv. X.)

L'ÉCONOMIE des sentimens et des plaisirs est en ménage la seule économie raisonnable.

NINON.

Se marier, c'est mettre hardiment à la loterie du sort, où l'on prend si rarement de bons billets.

Mademoiselle DE L'ESPINASSE.

Rien n'est moins en notre pouvoir que notre cœur; et, loin de lui commander, nous sommes forcés de lui obéir.

HÉLOÏSE.

La seule rose sans épines dans ce monde, c'est l'amitié.

Mademoiselle DE SCUDÉRY.

Rien de si aimable qu'un homme séduisant, mais rien de plus odieux qu'un séducteur.

NINON.

Seule et de sang froid, une femme préfère toujours la bonne réputation à la célébrité.

Madame d'Epinay.

Jamais une femme ne sait mauvais gré à son mari de plaire à plusieurs femmes, pourvu qu'elle soit toujours préférée.

Ninon.

On oublie les infidélités, mais on ne les pardonne pas.

Madame de Sévigné.

Pour les femmes, la douceur est le meilleur moyen d'avoir raison.

Madame de Maintenon.

Il y aurait moins de femmes trompées, si elles pouvaient renoncer à leur maxime commune, et préférer un homme qui les aime à celui qu'elles aiment.

Madame DUNOYER.

L'amitié devient bien faible quand on commence à être occupé de sentimens plus vifs; et si elle reprend ses droits, ce n'est que lorsque le besoin de la confiance la rend nécessaire.

Madame DE TENCIN.

Si vous voulez avoir quelque succès dans le monde, il faut, en entrant dans un salon, que votre vanité fasse la révérence à celle des autres.

Madame GEOFFRIN.

L'austérité est le faste de la vertu : attachés à nos devoirs, remplissons-les sans nous imposer des lois plus sévères. Etendre un lien, c'est risquer de le rompre.

Madame RICCOBONI.

Lorsqu'une fois on a pris du goût pour les plaisirs et pour le monde, il n'y a que l'expérience qui en désabuse. Les leçons, si elles ne sont adroitement déguisées, ne peuvent rien.

Madame ELIE-DE-BEAUMONT.

La passion ne va que par soubresauts ; elle a des actes, des mouvemens : la tendresse a des soins ; elle aide, elle console.

Mademoiselle DE L'ESPINASSE.

Une jeune femme ne peut sans
danger avoir pour ami que son père
ou son mari.

Mademoiselle DE L'ESPINASSE.

Quand les unions sont fondées à
la fois sur les penchans et sur les
principes, la chaîne est indissoluble;
car l'un des bouts s'attache au ciel,
et l'autre à la terre.

Madame NECKER.

Il faut que les enfans s'amusent de
leurs études, sans qu'on leur en fasse
un jeu, parce qu'alors on met l'ennui
dans le plaisir et la frivolité dans l'é-
tude.

Madame DE STAEL.

L'amour qui n'est qu'une épisode dans la vie des hommes, est l'histoire entière de la vie des femmes.

Madame DE STAEL.

* L'amour a un caractère si particulier, qu'on ne peut le cacher où il est, ni le feindre où il n'est pas.

Mademoiselle D'EPINAY.

Les hommes croient que tromper fait plus d'honneur à leur esprit qu'être vrais, parce que le mensonge est de leur invention : c'est un amour-propre d'auteur très-mal placé.

Madame DE STAEL.

Le bonheur tient aux affections plus qu'aux événemens.

Madame ROLLAND.

12.

Par une faiblesse une femme ac-
croît tous ses maux, et n'en évite aucun.

Madame COTTIN.

Les sentimens délicats ont une
sorte de pudeur; s'ils ne sont devi-
nés, ils sont incomplets; on dirait
qu'on ne peut les éprouver qu'à
deux.

Madame de DURAS.

Quand on croit pouvoir chicaner
sur ses devoirs, parce qu'ils sont difficiles, il n'y en a point qu'on ne
puisse mettre en question; car il n'y
en a pas un qui, de temps à autre, ne
coûte quelque chose à remplir.

Madame GUIZOT.

Malheur aux femmes qui placent leur orgueil dans de vains hommages et dans un empire usurpé.

Madame Azaïs.

Il y a entre homme et femme qui s'aiment, un idiome étranger à ceux qui n'aiment pas. Cet idiome redevient inintelligible pour celui des deux qui n'aime plus.

Madame Périé Candeille.

En élevant un enfant, on n'élève quelquefois qu'un ingrat ; cela est possible. Cependant on ne songe jamais à l'idée de cette ingratitude ; on rêve, au contraire, en lui des qualités qui nous rassurent sur ce vice odieux : on lui suppose une âme gé-

néreuse, un cœur tendre, des sentimens élevés; et tous les efforts d'une
éducation attentive tendent à deve-
lopper ou à faire naître le germe de
ces qualités précieuses.

Madame LAYA.

La flatterie est comme la fausse
monnaie : elle appauvrit celui qui la
reçoit.

Madame WOILLEZ.

Il ne faut pas confondre l'indis-
crétion avec la franchise, et d'un défaut faire une vertu. Tromper par
vanité, par intérêt ou par plaisante-
rie, c'est toujours tromper.

Madame DE GENLIS.

L'homme est libre dans ses affec-

tions ; il peut impunément préférer
ses amis à sa famille, ses devoirs so-
ciaux à ceux de la nature ; il y a même
de l'héroïsme pour lui à sacrifier ces
derniers à l'ambition, à son prince,
à sa patrie. Mais pour la femme cet
héroïsme ne serait qu'une ridicule folie : elle ne peut, sans encourir le
blâme, donner la préférence à aucun
sentiment hors de ceux que lui a tra-
cés la nature ; elle doit être fille, sœur,
épouse, mère, avant que d'être amie ;
et, tant qu'un des devoirs imposés
par ces titres sacrés lui reste à remplir, une affection exclusive n'excite-
rait qu'un sentiment désapprobateur :
il ne lui est pas permis de sacrifier
une obligation à une affection.

Madame ELISE VOIART.

L'expérience est un médecin qui n'arrive jamais qu'après la maladie.

Madame Dussère.

Ne vous mariez jamais sur le coup-d'œil et sans réflexion. La beauté et la laideur reviennent presque au même ; l'une et l'autre diminuent à force de les voir : quand les femmes manquent par les qualités du cœur, c'est bien peu de chose que le reste.

Madame Lambert.

Le temps le plus agréable de la vie d'un homme est, en général, celui

qu'il passe à faire la cour à la femme
qu'il veut épouser.

Le mariage donne de l'étendue ou
à notre bonheur ou à nos misères.

C'est quelque chose de bien bi-
zarre que la femme ! Elle aime mieux
sécher sur pied que de dire franchement ce qu'elle a dans l'âme.

Les femmes de province ont dix
ans de plus que celles de Paris.

Le plus difficile n'est pas de se quitter quand on s'aime, c'est quand on ne s'aime plus.

Les fautes d'une femme de vingt ans deviennent des vices à trente, et à quarante, des ridicules.

Le regret de vieillir tue les femmes; la quarantaine est pour elles le saut de Leucade.

Les hommes veulent un premier amour, les femmes un dernier.

Ce sont les hommes qui sont cause que les femmes ne s'aiment point entre elles.

Une femme qui n'a jamais ses yeux que sur une même personne, ou qui les en détourne toujours, fait penser d'elle la même chose.

Il arrive quelquefois qu'une femme cache à un homme toute la passion qu'elle sent pour lui, pendant que, de son côté, il feint pour elle tout ce qu'il ne sent pas.

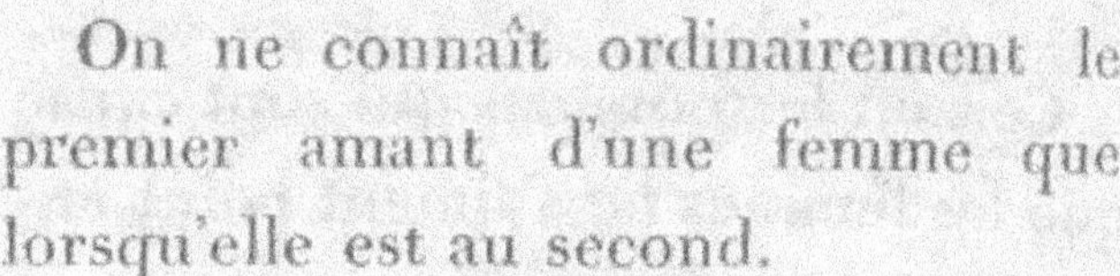

On ne connaît ordinairement le premier amant d'une femme que lorsqu'elle est au second.

La jalousie chez une femme n'est que le désir de conserver l'homme à qui elle s'est donnée.

Les femmes déplaisent aux femmes par les qualités qui plaisent le plus aux hommes.

Les femmes et les diamans ne doivent point se choisir à la lumière.

Il arrive souvent que le meilleur ami d'un homme est sa femme.

Il y a des époux qui cessent de s'aimer, et ceux-là ne s'aimaient guères ; d'autres qui se haïssent cordialement, parce qu'ils s'aiment encore.

Les époux qui s'estiment, s'aiment toujours assez.

La mauvaise humeur est l'hiver des ménages.

Plus les bouderies de ménage vont loin, plus elles sont près de finir.

Il faut qu'un mari soit bien sot pour craindre sa femme; mais une femme est cent mille fois plus sotte encore de ne pas craindre son mari.

Si trouver toujours sa femme ai-

mable n'est guère possible, l'être soi-
même n'est guère plus aisé.

Il faut qu'une femme aime bien
son mari, pour l'aimer dans sa belle-
mère !

C'est en ménage surtout que l'on
doit méditer ce proverbe : *La discorde des matelots submerge le vais-
seau.*

Les femmes pardonnent tout à un
mari qui leur donne ce qu'elles veu-

lent ; mais, au moindre refus, de combien de torts ne se souviennent-elles pas dans un instant!

Les époux qui s'aiment se disent mille choses sans parler.

Qui aime tendrement ses enfans, aime nécessairement sa femme.

Les vertus de ménage sont d'autant plus difficiles, qu'on en a plus souvent besoin.

On doit toujours écouter sa femme ; on n'est pas forcé de la croire.

Une femme n'est jamais si éloquente que lorsqu'elle loue son mari ou se plaint de sa belle-mère.

Qui croit sa femme se trompe ; qui ne la croit pas est trompé.

La femme la mieux louée est celle dont on ne parle pas.

13..

※

La langue des femmes est leur épée,
et elles ne la laissent pas se rouiller.

※

Les femmes ne mentent jamais plus
finement que lorsqu'elles disent la vérité à ceux qui ne les croient pas,

※

La laideur ôte à une jeune femme
tous les défauts des belles , et lui
donne des vertus et de bonnes qualités qu'elles n'ont jamais.

※

Jamais femme n'a gâté sa cause par son silence.

Il est plus aisé d'accorder cent femmes que deux.

Une jeune fille *reçoit* un époux; une veuve le *prend*.

La femme la plus timide a du courage pour médire.

Les querelles d'enfans les mieux

terminées sont celles qu'ils terminent
entre eux.

Plus une veuve aime son fils, moins
il devient aimable.

Si les belles-mères savaient dissi-
muler, les brus se taire, et les maris
prendre patience, toutes les familles
seraient en paix.

Plus une femme aime son mari,
plus elle le corrige de ses défauts ;
plus un mari aime sa femme, plus il
augmente ses travers.

Un mari ne connaît pas assez sa femme pour oser en parler, et une femme connaît trop son mari pour pouvoir s'en taire.

De tous les systèmes de l'orgueil, le plus fort et le plus risible est celui des jeunes femmes, qui croient avoir de la grâce à bouder.

Femme qui n'est pas muette peut toujours se venger.

Les dernières résolutions des femmes sont toujours les plus dangereuses.

Les femmes demandent si un homme est discret, comme les hommes si une femme est belle.

Quand les maris sont ensemble, ils s'écoutent : les femmes et les filles se regardent.

Quand les femmes savent ce qui se passe au dehors, les maris ignorent ce qui se fait dans la maison.

On ne s'aime bien que quand on n'a plus besoin de se le dire.

Conseils.

1.

Il y a deux manières de commander dans un ménage : la première, par l'expression d'une volonté qui appartient à la force ; la seconde, par la puissance de la douceur et de la persuasion, à qui la force même obéit. L'une peut convenir parfois au mari ; la femme ne doit jamais employer que l'autre.

⇒· 2. ·⇐

La jalousie donne de l'humeur, de l'injustice ; l'une et l'autre mettent l'amour en fuite. Trop de confiance ressemble à de l'indifférence, et inspire du refroidissement. Un juste milieu seul assure le bonheur.

⇒· 3. ·⇐

Une jeune femme fait sagement de

ne se mêler que des affaires du ménage, et d'attendre que son mari lui
confie les autres. Les conseils ne sont
bons et utiles qu'autant qu'on les réclame; on peut se passer de faire des ser-
mons, lorsque l'on prêche d'exemple.

4.

Aussitôt marié, il faut renoncer à
ces extravagances charmantes qui
marquent chaque jour de la vie de
garçon. C'est faire un marché avanta-
geux, que de troquer le plaisir fati-
gant et stérile contre le bonheur
paisible et durable.

5.

Une femme peut avoir plus d'esprit que son mari, mais elle doit feindre de l'ignorer.

⋙ 6. ⋘

En ménage, enseignez, commandez les égards par les égards ; l'art d'obtenir beaucoup consiste à ne rien exiger : en paraissant flatté du peu que l'on fait pour vous, on excite à faire davantage.

⋙ 7. ⋘

Trop de gens, ne pouvant atteindre le bonheur, se vengent en tentant de ridiculiser les époux heureux : cela ne doit en rien influer sur les égards, les attentions délicates qu'ils se doivent réciproquement.

⊱ 8. ⊰

La femme tire sa considération de celle dont elle sait entourer son époux; elle doit donc toujours paraître s'en rapporter à ses lumières, surtout en présence de témoins.

⊱ 9. ⊰

Il n'est pas nécessaire qu'une femme soit citée pour sa figure, son esprit, sa toilette, ses talens ; un mari cependant doit mettre la sienne à même de faire paraître sous le meilleur jour possible les avantages dont

14.

la nature et l'éducation ont pu la douer.

>· 10. ⋘

Les enfans forment les anneaux de la chaîne qui enlace le plus fortement les époux l'un à l'autre. Ils ne doivent jamais être témoins que du bonheur de leurs parens.

>· 11. ⋘

Ce n'est pas tout que de répondre à de l'humeur par de la douceur, à des injures par de bons procédés ; il faut encore ne jamais s'en prévaloir par un reproche.

Les Amis de la Maison.

Les amis de la maison sont de trois sortes : les amis de la maison proprement dits, vieux commensaux de la famille, consacrant avec régularité un jour à chacun de ses membres, dînant le lundi chez le beau-père, le mardi chez une tante, le mercredi chez les nouveaux mariés, assurés enfin du bénévole emploi de la semaine entière. Viennent après les amis de Madame. Ce sont des parens éloignés, de simples connaissances.

14..

Leurs visites sont rares et courtes, et ce n'est que les jours de réunion qu'on les voit paraître avec quelque avantage. Enfin les amis de Monsieur: camarades d'études, collègues, associés, protecteurs, protégés, tout se range dans cette catégorie. Les amis de Monsieur font chez lui la pluie et le beau temps, conseillent, ordonnent au besoin, et empiètent tour à tour sur les pouvoirs de chacun.

C'est un petit royaume que le foyer conjugal, et parfois aussi des troubles s'y élèvent, des guerres intestines s'y déclarent : le rôle des amis de la maison devient très-difficile alors. « Ne mettez pas le doigt entre l'arbre et l'écorce, » dit un vieux proverbe; et Molière, en lui empruntant la meilleure scène du *Médecin malgré lui*, a tracé aux amis de la maison toute une règle de conduite.

Dans les querelles conjugales, en effet, on voit constamment briller la maladresse des conciliateurs, gens dont la singulière manie est de se fourrer partout où ils n'ont que faire, d'offrir à contre-temps leurs services, d'accabler de conseils, et de montrer ainsi plus de curiosité que de dévouement.

Une fois ce principe posé, que les guerres conjugales n'admettent pas de médiateurs étrangers, et que toute

la diplomatie des congrès n'y saurait
que faire : le personnage d'ami de la
maison devient plus facile. Il ne par-
ticipe plus alors qu'aux événemens
heureux de la famille ; et quant à ces
malheurs qu'on ne saurait prévoir ni
empêcher, il s'en tire toujours avec
un compliment de condoléance.

Jadis, à la tête des amis de la maison, se rangeait le directeur de Madame, abbé musqué ou rigoureux
janséniste, jésuite ou gallican ; il
jouissait d'un pouvoir presque des-
potique : son avis, jeté dans la balance conjugale, était toujours d'un
poids décisif. Aujourd'hui, les direc-
teurs ont perdu leur puissance ; ils
ont été détrônés par les médecins.

Le docteur est le confident-né de tous les petits mystères de ménage; on le consulte, on le choie; la santé de Madame, celle de Monsieur, lui sont également précieuses; mais c'est là ce dont il s'occupe le moins. Les affaires de famille, les intérêts de la maison, l'éducation, l'établissement des enfans, tout est de sa compétence. Il est tour à tour, et à quelques ans de distance, parrain, conseil, témoin, tuteur même. Par le temps qui court, la médecine empiéte sur les autres facultés.

La race des parasites a disparu, mais elle a été remplacée par une classe nouvelle que l'on peut ranger parmi les amis de la maison. Suppléans bénévoles, ces messieurs se mettent toujours en avant pour donner l'impulsion à une société entière. Un nom manque à cette catégorie, mais on en reconnaît aisément les membres : froids boute-en-train, ils organisent les parties de campagne, disposent les fêtes, font les couplets d'à-propos, jouent des proverbes. Toute leur ambition se borne à paraître fort aimables.

Les nouveaux mariés doivent apporter un soin sévère dans le choix des personnes qui, reçues habituellement chez eux, passeront dans le monde pour les amis de la maison. On juge de la portée, des opinions, du caractère des gens, par les liaisons qu'ils forment ; et souvent les amitiés d'un mari compromettent la réputation et le bonheur de sa femme. Du célibat au mariage il y a loin ; et rien n'est plus facile quand on se dépayse, que de rompre des habitudes, même des liaisons.

La Femme qu'on aime, et la Femme qu'on n'aime plus.

QUELLE femme plus jolie que celle que l'on aime ? En est-il une plus aimable, plus spirituelle, mieux faite, plus séduisante ? La femme qu'on aime a tous les attraits, toutes les qualités, tous les talens; elle a reçu du ciel tous les dons pour sé-duire : on la voit avec les yeux de l'amour.

La femme que l'on n'aime plus

peut être belle, aimable, gracieuse,
remplie de talens; on ne s'en aperçoit
point. On dit bien avec tout le monde :
Oui, elle est jolie; oui, elle a de l'esprit; mais on dit cela comme on répé-
rait : Il fera beau aujourd'hui; il pleu-
vra ce soir; ou bonjour; comment
vous portez-vous?

Pour passer un instant près de la
femme qu'on aime, on fait tous les
sacrifices : affaires, argent, amis, parens, on oublie, on dédaigne tout.
On n'a qu'un vœu, qu'un désir, il
faut le satisfaire. Cet instant désiré
vaut tous les trésors du monde ; il
renferme toutes les félicités humai-
nes! Et peut-être ne pourra-t-on pas
lui dire un mot; peut-être ne daigne-

ra-t-elle pas nous honorer d'un regard ! N'importe on la verra ; on sera
près d'elle. L'amour ne raisonne pas
autrement.

Mais que le temps paraît long près
de la femme que l'on n'aime plus !
C'est en vain qu'elle essaye de nous
charmer encore : tout ce qu'elle
tente pour plaire tourne à son désa-
vantage ; on critique en secret tout
ce qu'elle dit ; on trouve mauvais qu'elle se montre charmante.
Quel ennui d'être trop aimé ! Un
reste de bienséance empêche de dire
franchement ce que l'on éprouve ;
mais aussi comment ne le devine-
t-elle pas à cet air distrait, à ces im-
patiences, à cette mauvaise humeur,

à ce mécontentement qui perce dans les moindres actions, dans toutes les paroles?

Femmes que l'on aime, soyez coquettes, légères, capricieuses, exigeantes, maussades, emportées, prodigues; soyez tout ce que vous voudrez, on vous trouvera toujours adorables! En vain, dans un accès de dépit, de jalousie même, on s'éloignera en jurant de vous fuir pour jamais, de ne plus céder à une sotte faiblesse, d'être enfin maître de son cœur!..... Dites un mot, jetez un regard, force sera de revenir, de jurer l'amour le plus tendre, le plus constant, la soumission la plus entière..... Qui n'a demandé humblement pardon de n'avoir pu prévoir des caprices? qui ne s'est cherché des torts? qui ne s'en est trouvé même?

Femmes que l'on n'aime plus, cachez vos larmes ; elles ne ramèneront jamais un mari à vos pieds. Ne redoublez point d'efforts pour lui plaire ; ne cherchez pas à faire briller vos talens, à en acquérir de nouveaux ; ne tentez pas de montrer de l'esprit, de la grâce ! Tous ces soins seraient inutiles!...... L'amour éteint ne renaît plus ; et, si parfois l'amour volage revient près de celle qu'il a trahie, c'est plutôt lorsqu'elle paraît consolée de son absence que lorsqu'elle gémit d'un cruel abandon.

Et souvent cependant la femme que

l'on aime se joue de notre amour; elle ne reçoit nos hommages que pour en faire parade, ou en rire en secret. Tous nos soupirs, toute notre tendresse ne parviennent point à effleurer son cœur, tandis que celle que nous n'aimons plus a donné mille preuves d'attachement, et serait prête à en donner de nouvelles.

Quelle est donc cette bizarrerie qui fait négliger le cœur que l'on possède, pour courir après celui que l'on ne doit pas posséder? Ne serait-ce donc qu'une affligeante vérité qu'exprimeraient ces deux vers, que chacun redit gaîment:

> On veut avoir ce qu'on n'a pas,
> Et ce qu'on a cesse de plaire.

OPINION.

On se marie, comme on pèche, par quatre motifs différens, savoir : quelquefois par passion, le moins souvent par ennui, rarement par raison, presque toujours par intérêt. Il y a des gens si fatigués de leur repos, qu'ils se marient seulement pour le perdre. D'abord le choix d'une femme les occupe; ensuite les visites, les entrevues, les pourparlers, les achats, la cérémonie, le festin, etc., etc.; puis recommencent les visites, les entrevues..... C'est absolument le même manége après qu'avant.

Doit-on donc s'étonner de voir

tant de mauvais ménages, puisqu'on se marie ou tout à sa tête, ou tout à celle des autres.

Tel qui se marie à sa tête, ne voyant pas dans sa femme ce que tout le monde y voit, est en danger d'y voir, par la suite, beaucoup plus que les autres n'y ont vu. Tel autre qui se marie par l'entremise de quelqu'officieux parent ou ami, fait un mariage comme on fait une emplette : il regarde, on offre, il marchande; on surfait, il mésoffre; il est pris au mot, comme dans ces magasins à prix fixe, où il faut bien se garder d'entrer de confiance.

Ce n'est pas se marier, c'est trafiquer, que de prendre une femme pour sa fortune; ce n'est pas se marier, c'est être dupe que de prendre une femme pour sa beauté. Qu'est-ce donc que se marier?.... C'est choisir avec discernement, à loisir, par inclination, par compatibilité d'humeur, de goûts, de caractère, et sans intérêt surtout, une femme qui vous accepte de même; c'est enfin faire un choix qui double l'existence, auquel la raison, l'esprit, le cœur, et enfin les convenances applaudissent à la fois.

Théories.

—

D**ans** un de nos chapitres précédens, *de la Philosophie entre époux*, nous avons tracé une théorie complète et d'une application facile , de l'art d'être heureux en ménage. Nous sommes loin de vouloir ici répudier les opinions, fruits de l'étude et de l'expérience, que nous y avons émises. Comme toutefois notre système pourrait bien ne pas être du goût de tous les jeunes mariés, lecteurs d'élite de ce petit ouvrage, nous essayons sur nouveaux frais, en traçant la ligne respective des devoirs et des droits du mari et de la femme, de leur donner le moyen de se faire à eux-mêmes un plan de conduite et de félicité, capable, sinon de remplacer, du moins de suppléer la nôtre.

Le bonheur conjugal, au dire des moralistes, a trois bases principales : 1° une fidélité mutuelle ; 2° une union de conseils et d'efforts pour travailler avec succès aux intérêts communs de la famille ; 3° un attachement inviolable, l'estime, la déférence, et le respect pour la spécialité des attributions.

Une union assise sur de tels fon-
demens est solide et profitable pour
les époux, pour leurs enfans, pour
là société tout entière ; on ne cherche pas à rompre de semblables
nœuds. L'inconstance n'est que le fruit
du malaise intérieur ; la vertu toujours aimable et modérée fortifie les
liens qu'elle approuve.

DU MARI.

Avant de pousser plus avant cette
espèce d'analyse physiologique du
mariage, nous devons nous excuser

près du lecteur du ton....(M. Cousin,
à notre place inventerait à l'aise ici
un mot spécial), du ton sérieux, dis-
parate, qui ne peut manquer de s'y
faire remarquer. En célébrant la philosophie entre époux, nous étions
pénétrés de notre sujet. Ici ce sont
les opinions de graves rhéteurs, de
docteurs habiles, que nous présen-
tons ; et en dépit de nous, la manière
de ces hautes autorités se glisse sous
notre plume. A ceci il n'y a qu'un remède, c'est d'imiter les députés du
centre à la tribune, et de sauter
quelques feuillets.

Les devoirs du mari se trouvent
écrits en quelque sorte dans la comparaison de sa constitution et de celle de

sa femme. La force, la fermeté, le courage, la gravité en sont les principaux caractères. C'est donc à lui à défendre, délibérer, prévoir. Il lui est toujours facile de communiquer de la résolution, de la fermeté à sa compagne, d'étendre ses vues, d'élever ses sentimens, et de la délivrer de ces hésitations, de ces craintes, auxquelles sa constitution plus faible l'assujétit.

Un mari doit constamment s'observer, et laisser diriger son esprit par la prudence. M. Casimir Bonjour a dit avec un rare bonheur : « L'homme fait son état, la femme le reçoit. » C'est en effet sur la conduite, les manières, le ton de son mari, qu'une jeune épouse se règle.

S'il faut en tout temps être attentif à écarter les sujets de discorde, on doit s'y appliquer davantage encore dans le commencement de son union. Rien n'est plus aisé que de séparer deux pièces de bois fraîchement unies ensemble : au bout de quel-temps, on a peine à les détacher par le fer et le feu.

Il importe surtout de se garder d'un travers trop commun : c'est celui de se plaindre à autrui des torts réels ou apparens de sa femme. On agit sagement en cachant avec un soin égal les douceurs et les amertumes du mariage :

les fautes d'une femme retombent
toujours sur son mari; le moins
qui puisse lui arriver, c'est le blâme
d'avoir fait un mauvais choix.

L'auteur d'un livre excellent, *les
Mœurs*, s'exprime ainsi : « Qu'un mari
qui veut être aimé travaille à s'en rendre digne; qu'après vingt ans il se
montre aussi attentif à ne point offen-
ser, qu'au temps où il rechercha
sa compagne. On gagne plus à conserver un cœur qu'à le conquérir. L'a-
mour, l'honneur, les soins complai-
sans, perpétuent les douceurs de l'hymen. Qu'il se souvienne donc que si,
dans l'accord de deux sons, c'est toujours la basse qui domine, de même
dans un ménage réglé et uni, l'ordre

et l'harmonie sont surtout l'effet des mesures sages du mari. »

Le bon La Fontaine, que l'on ne peut guère citer comme autorité conjugale, donne, ce nous semble, une utile leçon aux maris, dans sa fable du Soleil, qui produit plus d'effet sur l'homme que la bise. Celle-ci, violente, tend à le dépouiller; il s'entoure plus étroitement de son manteau, et se roidit contre la force ; mais aux doux rayons du soleil, il se découvre et se laisse pénétrer. Ainsi la femme résiste aux rigueurs d'un mari, tandis qu'elle suit l'impulsion qu'il lui donne à l'aide de la douceur et de la conviction.

Chez les anciens, les jeunes gens qui sacrifiaient à Junon nuptiale,

ôtaient le fiel de la victime immolée,
et le jetaient au loin, pour témoigner
leur résolution de bannir de leur
union la colère et l'amertume. Il est
fâcheux que dans nos cérémonies modernes rien ne rappelle cette pieuse
coutume.

Le respectable M. Daunou disait un
jour à son cours que « le mari doit
gouverner sa femme, non comme un
maître gouverne son esclave, mais
comme l'âme dirige le corps. » Cette
pensée délicate et vraie frappa vivement tout le jeune auditoire; et certes,
parmi ces écoliers d'alors, devenus
aujourd'hui des hommes, plus d'un a
dû se la rappeler, et en appliquer la
morale dans son ménage.

LES FEMMES.

—

La femme a reçu en partage la douceur, la faiblesse, la sensibilité, la finesse, la décence. La différence, la disproportion même de ces qualités avec celles de l'homme est une source d'harmonie et d'union morales. C'est ainsi que, dans un morceau d'ensemble, un mélange heureux de sons discordans augmente et perfectionne la mélodie.

La femme semble destinée à communiquer à son époux de la complaisance, de la politesse ; près d'elle les soucis doivent devenir légers, la fatigue doit faire place au repos.

Le bonhomme Platon, que j'ai toujours plaisir à citer, et que l'on n'accusera pas de partialité en faveur des femmes, puisqu'il assurait que « ce qu'il y a de plus admirable dans la vie de Socrate, c'est d'avoir pu vivre avec une femme acariâtre, » rencontrant un jour Xénocrate, lui conseilla de sacrifier aux grâces. Une femme aussi a besoin des grâces pour conserver l'affection de son mari ; elle doit, même chez elle, être toujours mise avec une certaine recherche. Le soin, l'élégance, ont un charme innocent et secret, dont un mari, autant, plus qu'un autre peut-être, ne peut méconnaître l'attrait et la puissance.

Une jeune femme doit aussi faire régner l'ordre, l'économie et la plus exquise propreté dans l'intérieur de sa maison; il existe une foule de petits détails domestiques qui ne sont pas faits pour un mari; et c'est pourtant souvent la négligence de ces riens importans qui ruine une fortune, parce que les dépenses, sans importance au premier coup-d'œil, sont journalières, et reviennent à chaque instant (1).

____

(1) L'économie domestique n'est pas

Une épouse sage évite de se répandre trop dans le monde, et, par la trop fréquente exigence des petits devoirs de société, de contracter l'habitude du désœuvrement. C'est dans l'intérieur

une vertu brillante, mais elle compose une vertu solide, et une des plus belles que je connaisse. Elle est le fondement des maisons, ainsi que des grands établissemens : ce sont les racines obscures qui nourrissent le pompeux feuillage de ces arbres qui portent leur front dans la nue. La misère est une source continuelle de soucis rongeurs, d'inquiétudes, de peines d'esprit, d'insomnies cruelles : elle est conseillère de plusieurs actions basses et iniques. L'économie, qui chasse de sa maison que l'on trouve surtout un bonheur solide et réel ; et dès qu'on a son paradis chez soi, on n'en sort point, à moins que la nécessité ou la convenance n'y forcent. En restant d'ailleurs plus constamment

---

tous ces tourmens, qui nous met à couvert de ces épines, est tout à la fois et le soutien consolant de notre vie, et la sauvegarde de notre vertu ; c'est un doux oreiller où nous sommeillons sans crainte de l'avenir, toujours obscur. L'économie enfin est la vertu la plus utile à la génération qui doit succéder : elle embrasse donc deux âges à la fois ; privilége qui n'appartient guère qu'à elle.

(MERCIER.)

dans son intérieur, une femme habitue son mari à y rester près d'elle. La douceur est l'arme la plus puissante des femmes, et celles que le bonheur n'a pas favorisées, en peuvent surtout, dans une union mal assortie, faire chaque jour l'expérience. Quoiqu'il en coûte, il faut supporter avec bonté, avec patience du moins, les défauts ou les torts d'un mari, lui céder sans répugnance, déférer à ses volontés. Jamais de tels sacrifices ne sont entièrement perdus pour celle qui les fait. Si un mari est raisonnable et bon, il aime à l'en dédommager; s'il ne l'est pas, la douceur est encore le moyen le plus efficace pour le ramener à son devoir; elle triomphe tôt ou tard.

Somme toute, c'est une lourde chaîne que celle du mariage ; mais pour deux époux qui s'entendent bien , et en supportent également leur part , il devient bien facile d'en alléger le poids.

APPENDICE.

(*V*. chap. II, tit. Ier.)

Dans notre chapitre *de la corbeille du mariage**, que le burin de M. Tony Johannot a traduit en tête de ce volume, en l'enrichissant de cette grâce spirituelle et facile qui caractérise chacune de ses productions, nous avons donné l'énumération des précieuses bagatelles dont la mariée doit

---

(1) Page 18.

recevoir l'hommage. Il nous reste à offrir un guide, un cicérone au marié; car ce n'est pas chose facile ni indifférente à Paris, que d'accorder une juste préférence, au milieu de cette foule de marchands qui au premier coup d'œil semblent tous également bien assortis également dignes de confiance.

La mode en ceci, comme en tant d'autres choses, se montre impérieuse; et l'on ne saurait impunément offrir en présent l'objet le plus élégant, le plus précieux, s'il ne sortait des magasins en vogue.

Ainsi, pour le choix de la corbeille, ou plutôt du meuble qui reçoit ce nom, il faut visiter les ateliers de Vervel, rue Neuve-de-Montmorency-Feydeau, n° 14; seul il est assez habile, ou plutôt assez heureux, pour ne rien négliger sous le double rapport de l'élégance et du fini du travail. Quelques sachets cachés dans les compartimens, exhalent à la fois tous les parfums de MM. Dissey-Piver.

Le choix de schalls, des robes, des bijoux et de tous les présens qui doivent accompagner la corbeille, est la chose la plus importante : aussi doit-on commencer par visiter les riches magasins de MM. Brousse et Audebert, rue de Richelieu, n° 82, et rue Feydeau, n° 34. En un moment on voit dérouler devant soi cin-

quante pièces des plus fraîches, des
plus nouvelles étoffes. Choisissez deux
robes de satin, deux robes de velours
épinglé; une seule robe de tulle pour
la cérémonie religieuse, deux robes
de satin turc ou de tricot de Berlin,
six robes de mousseline, et quatre de
jaconnas pour le matin.

Il n'y a qu'un pas de ces magasins
à ceux de M. Kœnig, rue St.-Honoré,
n° 213. C'est là que l'on choisit deux
magnifiques fourrures et un manchon
doublé pour l'hiver; car il faut tout
prévoir en ménage même le froid.

M. Juillerat, place des Victoires, n° 4,
vous vendra quatre schalls, au nombre
desquels devra se trouver un cache-

mire Ternaux, tout uni et sans palmes pour la chambre, avec un cachemire des Indes bariolé de dessins si bizarres et de couleurs si disparates, en un mot si laid, que vous serez obligé de le payer aussi cher que les trois autres. Ce laid cachemire sera à coup sûr trouvé charmant : la mode en a décidé ainsi.

Parmi les offrandes conjugales, la bourse pleine d'or est à proprement parler la plus solide. Susse, du passage des Panoramas, mettra beaucoup de grâce à vous la fournir vide; mettez autant de résignation à la remplir.

Toutes ces petites merveilles devront être enfermées dans le brillant

meuble de M. Vervel ; vous y ajoute-
rez les fleurs artificielles achetées chez
M. Zacharie fils, rue de Grammont,
n° 15.

La parure de diamans ayant dû être
commandée depuis un mois au moins
chez Baptiste Mesnière, sur le quai
du Louvre, vous n'aurez la peine que
de l'aller chercher.

N'oubliez pas de passer chez M. Au-
guste Nagèle, au Palais-Royal, n° 154,
pour y acheter tous les bijoux de fantaisie ; tels que boucles de ceinture,
pierres de couleurs et bagues. Ces
charmans bijoux, dont le prix est en
général modique, sont ceux que por-
tera le plus souvent la jeune épouse,

choisissez-les donc avec le soin le plus minutieux.

Quant à la montre, que vous devez vous procurer chez M. Kinable, Palais-Royal ; aux rubans, que vous acheterez toujours rue Vivienne, chez madame Delatour ; aux gants, que M. Bodier, rue de Richelieu, n° 97, fabrique mieux que personne au monde ; et au livre de messe relié en maroquin violet, avec fermoir et étui, que vous trouverez chez M. Louis Janet, rue Saint-Jacques ; tout cela devra être posé en évidence, à côté des deux éventails, des essences, des flacons, des cosmétiques, qui ne peuvent, sous aucun prétexte, s'acheter que chez

MM. Dissey-Piver, parfumeurs bre-
vetés de la duchesse de Berri, rue
Saint-Martin, n° 111.

Attendez-vous à ce que la curiosité féminine ne permette pas de dif-
férer d'un moment l'inventaire de la
corbeille. Tout sera examiné pièce à
pièce ; on voudra tout voir, même
tont essayer. La maman critiquera
les diamans ; les jeunes sœurs se dra-
peront avec les schalls; et si vous en-
tendez indiscrètement quelques traî-
tres soupirs, n'y faites nulle attention. Du reste, dans ces emplettes,
vous n'aurez même pas été acheteur
responsable; votre appréciatrice aura
seule à supporter tout le poids du
dépit ou des désappointemens.

N'oubliez pas qu'il serait affreux, épouvantable, et du plus mauvais ton, de parler de ce que coûte cette corbeille de mariage. On le saura toujours assez tôt : n'avez-vous pas prié une amie de la mariée de vous guider dans vos achats ?

MORALITÉ.

Moralité.

APOLOGIE DU CÉLIBAT.

> Il y a peu de femmes si parfaites,
> qu'elles empêchent leurs maris de se
> repentir, du moins une fois le jour,
> d'avoir une femme, ou de trouver
> heureux celui qui n'en a point.
>
> (La Bruyère.)

Thomas Morus, de lugubre mémoire, compare assez impoliment un
homme qui se marie à « un fou, met-

tant la main dans un sac pour en tirer une anguille qui s'y trouve seule
avec une centaine de vipères. Il y a,
ajoute-t-il, cent contre un à parier
que c'est sur une vipère qu'il tom-
bera. »

Un autre chancelier anglais, Bacon, émet l'opinion directement contraire. Selon lui, il y a tout au plus
dans le sac du mariage une vipère
contre cent anguilles.

Entre deux si graves autorités, la
raison semblerait devoir conseiller
une opinion mixte ; et si anguilles
et vipères étaient mélangées là comme partout ailleurs, il ne s'agirait
plus que d'avoir la main heureuse ou
habile.

Mais voilà qu'un troisième philosophe, Lamothe - le - Vayer, nous vient dire « qu'il a toujours pris le sommeil dont Dieu assoupit notre premier père, avant de lui présenter une femme, non-seulement pour un avis de nous défier de notre vue, comme d'une très-mauvaise conseillère, mais encore pour une instruction morale ; que personne vraisemblablement ne s'en chargerait, si l'on avait les yeux de l'esprit assez ouverts pour voir dans l'avenir à combien d'infortunes celui-là se soumet, qui accepte une société si périlleuse. »

Ainsi le mariage fut de tout temps un vaste sujet de controverse ; et encore faut-il remarquer qu'il trouve

plus de détracteurs que d'apolo-
gistes (1). Nos poètes comiques, qui
ne sont pas las d'en faire depuis trois
mille ans le fonds, ou au moins le
dénouement de leurs ouvrages, ne
le présentent guère que du côté ridicule. Les faiseurs de contes, d'histo-
riettes, d'épigrammes, ne tarissent
pas en bons mots aux dépens des
maris. Juvénal, La Fontaine et Boi-
leau ont épuisé sur ce sujet leur
mordante hyperbole.

Heureusement ces détracteurs
n'ont dégoûté personne du mariage,

------

(1) M. de Jouy. *Ermite de la Chaussée-d'Antin.*

et la robe safranée dont il a plu au libertin Ovide d'affubler le dieu d'hyménée, n'en demeure pas moins, sinon la parure à la mode, du moins le vêtement d'usage chez les nations policées (1).

Mais si l'on rit de ce qui est plaisant, on apprécie ce qui est utile, Or, le mariage est de tous les âges.

---

(1) L'auteur des *Mémoires historiques et galans* pense qu'Ovide, en représentant l'Hymen, *croceo velatus amictu,* « a voulu sans doute nous faire une leçon de ce qui est si essentiel au mariage. Les soucis d'une famille dont vous vous chargez, le risque que vous courrez de tant de coups de fortune, la jalousie inévi-

Bacon, que nous nous plaisons à citer, prétend que, dans l'état de mariage, « les femmes sont nos maî-
tresses durant la jeunesse, nos com-
pagnes quand vient l'âge mûr, et
nos nourrices dans la vieillesse. On a
donc, ajoute-t-il, à tout âge, des rai-
sons de se marier. » Si le mariage
d'ailleurs a ses chagrins, ses inquiétudes, il est le seul état aussi où
l'on puisse espérer de réunir les

---

table que vous avez d'une femme, pour
peu qu'elle vous agrée , ou que votre
honneur vous touche , ne sont-ce pas autant de sujets de jaunisse? et n'est-ce pas
une merveille, si le tempérament le plus
vigoureux et le plus enjoué ne tombe pas
dans un état ictérique ? »

douceurs de l'amitié, les plaisirs des sens et ceux de la raison ; où l'on jouisse enfin de toute la somme de bonheur que la nature humaine puisse thésauriser.

Ce qu'il y a de remarquable, c'est que cet espoir de félicité, qui ne se réalise pas toujours, il faut l'avouer, ne perd rien de son crédit en multipliant ses dupes. Peut-on entrer une fois à l'église qu'on n'entende publier des bans ? passe-t-on devant la porte d'une mairie sans voir une kirielle de promesses de mariage ? Il faut donc bien le proclamer : le mariage est..... un paradis ou un enfer, et la question, tant controversée, est loin encore d'être résolue. Se marier,

c'est faire sagement; rester céliba-
taire, c'est faire plus sagement encore.

« Il y a peu de femmes si parfaites,
qu'elles empêchent leurs maris de se
repentir, du moins une fois le jour,
d'avoir une femme, ou de trouver
heureux celui qui n'en a point. » C'est
La Bruyère qui le dit, et La Bruyère a
raison. En effet, quel mari ne pousse
chaque jour un soupir de regret, en
songeant à ces douceurs de la vie de
garçon qu'il a troquées contre un
mirage de bonheur.

Si la liberté est le premier des
biens, il faut être bien hardi pour
la perdre de gaîté de cœur. L'on se

marie parfois pour posséder l'objet
d'un vif amour : mais la possession ne
détruit-elle pas bien vite le charme ?
Deux jeunes gens fiancés passent en
général peu de temps l'un près de
l'autre ; l'amour les fascine , et ne
leur permet de se voir que sous le
point de vue le plus favorable. Une
fois unis, la lumière monotone de
l'hymen leur montre également défauts et qualités , vices et vertus. Tel
qui dans le monde se montrait toujours brillant , aimable ; paraît alors
maussade , bourru. Montesquieu rapporte que , sous le règne de saint
Louis , les mariés ne pouvaient passer ensemble la nuit des noces, ni
même les deux suivantes, sans en
avoir acheté la permission des évê-

ques. C'étaient bien ces trois nuits-là qu'il fallait choisir, ajoute-t-il, car pour les autres on n'aurait pas donné beaucoup d'argent. La remarque du grave Montesquieu est un peu leste; mais il n'en est pas moins vrai que nombre d'époux s'aiment moins à mesure qu'ils se connaissent mieux. La cause en est naturelle et simple; l'amour jette un voile sur les défauts de l'objet aimé; il fait plus, il les dénature, les transforme même en agrémens (1).

L'hymen veut des qualités plus so-

----

(1) Témoin ce Balbinus dont parle Horace, qui trouvait agréable dans *Agna* jusqu'à son polype. (Sat. III, liv. I.)

lides, et réduit tout à sa véritable valeur; on pourrait comparer les maris
par amour à ces amateurs passionnés
de tableaux qui s'extasient à la vue de
quelque ouvrage d'un grand maître.
Dans leur extase, il leur faut posséder
ce chef-d'œuvre sans défaut ; mais
l'ont-ils acheté? l'enthousiasme dis-
paraît par degrés, l'habitude dissipe
l'illusion, les défauts deviennent sen-
sibles, et du moment où l'on aperçoit
les défauts, le charme est détruit.

Que de raison il faut pour se marier! Il en faut au moins pour deux :
aussi trouvons-nous plus plaisant que
judicieux le mot de ce père à qui on
conseillait d'attendre que son fils fût
plus sage pour le marier, et qui ré-

pondit : Non ; car si mon fils devient sage , il ne se mariera pas du tout.

On voit toutefois dans le monde beaucoup de mariages heureux ; et c'est un état digne d'envie que celui d'un homme uni à une femme aimable, qui devient un autre lui-même, et l'entoure d'enfans charmans , dont l'amour ajoute à la félicité mutuelle. Mais celui-là même qui a attrapé à la loterie conjugale ce lot si précieux , si rare , ne peut-il pas avoir aussi un beau père insociable, une belle-mère comme madame Pernelle, des sœurs , des belles-sœurs , des tantes , qui voudront s'initier dans les affaires de *la famille*?

On peut , nous le savons, rompre

en visière à la parenté ; mais combien
peu de femmes, quelqu'éprises qu'elles
soient de leurs maris, renoncent sans
regret aux doux attachemens d'enfance! et puis vient le chapitre des rapprochemens ; on ne peut être éter-
nellement brouillés, et un bon mari
sacrifie son repos aux affections de sa
femme, ou aux intérêts de ses enfans.

Certes, nous sommes loin de vouloir nous ranger du parti des détracteurs du mariage ; aussi nous abstien-
drons-nous de mettre ici en regard les
jaloux, les coquettes ; les prodigues,
les avares ; les méchans et les sottes.
Ce petit livre toutefois nous semblerait incomplet, si nous ne disions
un mot d'un sujet grave et délicat,

que plus d'un lecteur a dû s'étonner de ne pas voir encore abordé dans ce code conjugal.

To be or not to be, voilà pour beaucoup de maris le point capital; et les désolantes colonnes de la *Gazettte des Tribunaux* attestent chaque jour que les inquiétudes qui germent à la fois dans tant de têtes sensées, ne sont pas tout-à-fait imaginaires.

Un préjugé ridicule, injuste, mais respectable (car, bien qu'on en dise, on ne se met pas impunément au-dessus du préjugé) a étrangement aventuré l'honneur des maris. Qu'on ne s'attende pas cependant à trouver ici l'apologie ou le remède de l'objet de

leurs terreurs ; la conduite des époux
sert presque toujours de modèle à
celle des femmes ; elle pourrait donc
au besoin lui servir aussi d'ex-
cuse.

Dans tout le cours de ce petit ouvrage, nous avons tenté de tracer le
tableau des justes exigences conjugales ; on peut, ce nous semble, y
trouver la meilleure assurance contre
les naufrages maritaux. Que si maintenant on nous demande notre propre
avis sur les chances diverses du mariage, nous répondrons comme Diogène faisait à ceux qui le venaient
consulter sur cette matière.

Quand c'étaient des jeunes gens, il

leur disait qu'il n'était pas temps encore de se marier; et quand c'étaient
des vieillards, il leur répondait que
le temps était passé.

JURISPRUDENCE

CONJUGALE.

Notre *Code conjugal* serait incomplet, si, à la suite des devoirs et des
droits consacrés par la mode ou l'u-
sage, que nous y avons consignés,
nous ne placions aussi les règles po-
sitives que trace l'impérieuse loi.

Nous avons réuni ici tous les articles qui traitent des intérêts séparés
ou communs des époux. Plus exact et
plus prévoyant que nous ne devions
l'être, le législateur envisage le ma-

riage dans toute sa durée ; depuis la publication des bans, jusqu'au testament et au deuil. Nous pensons qu'en présentant ici succinctement, mais dans leur ensemble, toutes les dispositions qui régissent l'union conjugale, nous serons utiles à plus d'un lecteur.

CODE CIVIL.

Art. 39. Les actes de l'état civil seront signés par l'officier de l'état civil, par les comparans et les témoins, ou mention sera faite de la cause qui empêchera les comparans et les témoins de signer.

63. Avant la célébration du mariage, l'officier de l'état civil fera deux publications, à huit jours d'intervalle, un jour de dimanche, devant la porte de la maison commune. Ces publications, et l'acte qui en sera dressé, énonceront les prénoms, noms, professions et domiciles des futurs époux, leur qualité de majeurs ou de mineurs, et les prénoms, noms, professions et domiciles de leurs pères et mères. Cet acte énoncera, en outre, les jours, lieux et heures où les publications auront été faites.

65. Si le mariage n'a pas été célébré dans l'année, à compter de l'expiration du délai des publications, il

ne pourra plus être célébré qu'après que de nouvelles publications auront été faites dans la forme ci-dessus prescrite.

70. L'officier de l'état civil se fera remettre l'acte de naissance de chacun des futurs époux. Celui des époux qui serait dans l'impossibilité de se le procurer, pourra le suppléer, en rapportant un acte de notoriété délivré par le juge de paix du lieu de sa naissance, ou par celui de son domicile.

73. L'acte authentique du consentement des père et mère ou aïeuls et aïeules, ou, à leur défaut, celui de la famille, contiendra les prénoms, noms, profession et domicile du futur époux, et de tous ceux qui auront

concouru à l'acte, ainsi que leur degré de parenté.

75. Le jour désigné par les parties après les délais des publications, l'officier de l'état civil, dans la maison commune, en présence de quatre témoins, parens ou non parens, fera lecture aux parties des pièces ci-dessus mentionnées, relatives à leur état et aux formalités du mariage, et du chap. VI du titre *du Mariage, sur les droits et les devoirs respectifs des époux*. Il recevra de chaque partie, l'une après l'autre, la déclaration qu'elles veulent se prendre pour mari et femme; il prononcera, au nom de la loi, qu'elles sont unies par le mariage, et il en dressera acte sur-le-champ.

143. Le changement de domicile s'opérera par le fait d'une habitation réelle dans un autre lieu, joint à l'intention d'y fixer son principal établissement.

144. L'homme, avant dix-huit ans révolus, la femme, avant quinze ans révolus, ne peuvent contracter mariage.

145. Néanmoins il est loisible au Roi d'accorder des dispenses d'âge pour des motifs graves.

148. Le fils qui n'a pas atteint l'âge de vingt-cinq ans accomplis, la fille qui n'a pas atteint l'âge de vingt-un ans accomplis, ne peuvent contracter mariage sans le consentement de leurs père et mère. En cas de dis-

sentiment, le consentement du père suffit.

149. Si l'un des deux est mort, ou s'il est dans l'impossibilité de manifester sa volonté, le consentement de l'autre suffit.

150. Si le père et la mère sont morts, ou s'ils sont dans l'impossibilité de manifester leur volonté, les aïeuls et aïeules les remplacent : s'il y a dissentiment entre l'aïeul et l'aïeule de la même ligne, il suffit du consentement de l'aïeul.

S'il y a dissentiment entre les deux lignes, ce partage emportera consentement.

151. Les enfans de famille ayant atteint la majorité fixée par l'art. 148, sont tenus, avant de contracter ma-

riage, de demander, par un acte respectueux et formel, le conseil de leur père et de leur mère, ou celui de leurs aïeuls ou aïeules, lorsque leur père et leur mère sont décédés ou dans l'impossibilité de manifester leur volonté.

152. Depuis la majorité fixée par l'art. 148 jusqu'à l'âge de trente ans accomplis pour les fils, et jusqu'à l'âge de vingt-cinq ans accomplis pour les filles, l'acte respectueux prescrit par l'article précédent, et sur lequel il n'y aurait pas de consentement au mariage, sera renouvelé deux autres fois, de mois en mois; et un mois après le troisième acte, il pourra être passé outre à la célébration du mariage.

153. Après l'âge de trente ans, il pourra être, à défaut de consentement sur un acte respectueux, passé outre, un mois après, à la célébration du mariage.

154. L'acte respectueux sera notifié à celui ou ceux des ascendans désignés en l'art. 659 par deux notaires ou par un notaire et deux témoins; et, dans le procès-verbal qui doit en être dressé, il sera fait mention de la réponse.

163. Le mariage est prohibé entre l'oncle et la nièce, la tante et le neveu.

164. Néanmoins il est loisible au Roi de lever, pour des causes graves, les prohibitions portées au précédent article.

165. Le mariage sera célébré publiquement, devant l'officier civil du domicile de l'une des deux parties.

166. Les deux publications ordonnées par l'art. 63 , titre *des Actes de l'État civil* , seront faites à la municipalité du lieu où chacune des parties contractantes aura son domicile.

167. Néanmoins, si le domicile actuel n'est établi que par six mois de résidence , les publications seront faites en outre à la municipalité du dernier domicile.

168. Si les parties contractantes, ou l'une d'elles, sont, relativement au mariage, sous la puissance d'autrui, les publications seront encore faites à la municipalité du domicile de ceux

sous la puissance desquels elles se trouvent.

172. Le droit de former opposition à la célébration du mariage appartient à la personne engagée par mariage avec l'une des deux parties contractantes.

173. Le père, et à défaut du père, la mère, et à défaut des père et mère, les aïeuls et aïeules, peuvent former opposition au mariage de leurs enfans et descendans, encore que ceux-ci aient vingt-cinq ans accomplis.

176. Tout acte d'opposition énoncera la qualité qui donne à l'opposant le droit de la former; il contiendra élection de domicile dans le lieu où le mariage devra être célébré; il devra également, à moins qu'il ne soit

fait à la requête d'un ascendant, con-
tenir les motifs de l'opposition : le
tout à peine de nullité et de l'inter-
diction de l'officier ministériel qui aurait signé l'acte contenant opposition.

177. Le tribunal de première instance prononcera dans les dix jours
sur la demande en main-levée.

181. Dans le cas de l'article précédent, la demande en nullité n'est
plus recevable, toutes les fois qu'il y
a eu cohabitation continuée pendant
six mois, depuis que l'époux a acquis
sa pleine liberté ou que l'erreur a été
par lui reconnue.

182. Le mariage contracté sans le
consentement des père et mère, des
ascendans, ou du conseil de famille,
dans les cas où ce consentement était

nécessaire, ne peut être attaqué que par ceux dont le consentement était requis, ou par celui des deux époux qui avait besoin de ce consentement.

183. L'action en nullité ne peut plus être intentée ni par les époux, ni par les parens dont le consentement était requis, toutes les fois que le mariage a été approuvé expressément ou tacitement par ceux dont le consentement était nécessaire, ou lorsqu'il s'est écoulé une année sans réclamation de leur part, depuis qu'ils ont eu connaissance du mariage. Elle ne peut être intentée non plus par l'époux, lorsqu'il s'est écoulé une année sans réclamation de sa part, depuis qu'il a atteint l'âge compétent

pour consentir par lui-même au mariage.

184. Tout mariage contracté en
contravention aux dispositions contenues aux art. 144, 147, 161, 162
et 163, peut être attaqué soit par les
époux eux-mêmes, soit par tous ceux
qui y ont intérêt, soit par le ministère public.

185. Néanmoins le mariage contracté par des époux qui n'avaient
point encore l'âge requis, ou dont
l'un des deux n'avait point atteint cet
âge, ne peut plus être attaqué :
1° lorsqu'il s'est écoulé six mois depuis
que cet époux ou les époux ont atteint
l'âge compétent; 2° lorsque la femme
qui n'avait point cet âge a conçu
avant l'échéance de six mois.

191. Tout mariage qui n'a point été contracté publiquement, et qui n'a point été célébré devant l'officier public compétent, peut être attaqué par les époux eux-mêmes, par les père et mère, par les ascendans, et par tous ceux qui y ont un intérêt né et actuel, ainsi que par le ministère public.

199. Si les époux ou l'un d'eux sont décédés sans avoir découvert la fraude, l'action criminelle peut être intentée par tous ceux qui ont intérêt de faire déclarer le mariage valable, et par le procureur du Roi.

200. Si l'officier public est décédé lors de la découverte de la fraude, l'action sera dirigée au civil contre ses héritiers par le procureur du Roi, en

présence des parties intéressées et sur leur dénonciation.

204. L'enfant n'a pas d'action contre ses père et mère pour un établissement par mariage ou autrement.

205. Les enfans doivent des alimens à leurs père et mère et autres ascendans qui sont dans le besoin.

206. Les gendres et belles-filles doivent également, et dans les mêmes circonstances, des alimens à leur beau-père et belle-mère; mais cette obligation cesse, 1° lorsque la belle-mère a convolé en secondes noces; 2° lorsque celui des époux qui produisait l'affinité, et les enfans issus de son union avec l'autre époux, sont décédés.

207. Les obligations résultant de ces dispositions sont réciproques.

208. Les alimens ne sont accordés que dans la proportion du besoin de celui qui les réclame et de la fortune de celui qui les doit.

212. Les époux se doivent mutuellement fidélité, secours, assistance.

213. Le mari doit protection à sa femme, la femme obéissance à son mari.

214. La femme est obligée d'habiter avec le mari, et de le suivre partout où il juge à propos de résider : le mari est obligé de la recevoir, et de lui fournir tout ce qui est nécessaire pour les besoins de la vie, selon ses facultés et son état.

215. La femme ne peut ester en jugement sans l'autorisation de son mari, quand même elle serait mar-

chande publique, ou non commune,
ou séparée de biens.

216. L'autorisation du mari n'est
pas nécessaire lorsque la femme est
poursuivie en matière criminelle ou
de police.

217. La femme même non commune ou séparée de biens, ne peut
donner, aliéner, hypothéquer, acquérir, à titre gratuit ou onéreux, sans
le concours du mari dans l'acte, ou
son consentement par écrit.

218. Si le mari refuse d'autoriser sa
femme à ester en jugement, le juge
peut donner l'autorisation.

220. La femme, si elle est marchande publique, peut, sans l'autorisation de son mari, s'obliger pour ce
qui concerne son négoce ; et, audit

cas, elle oblige aussi son mari, s'il y a communauté entre eux.

Elle n'est pas réputée marchande publique, si elle ne fait que détailler les marchandises du commerce de son mari, mais seulement quand elle fait un commerce séparé.

222. Si le mari est interdit ou absent, le juge peut, en connaissance de cause, autoriser la femme, soit pour ester en justice, soit pour contracter.

225. Toute autorisation générale, même stipulée par contrat de mariage, n'est valable que quant à l'administration des biens de la femme.

226. La femme peut tester sans l'autorisation de son mari.

227. Le mariage se dissout,

1° Par la mort de l'un des époux ;

2° Par le divorce légalement prononcé ;

3° Par la condamnation, devenue
définitive, de l'un des époux à une
peine emportant mort civile.

228. La femme ne peut contracter
un nouveau mariage qu'après dix mois
révolus depuis la dissolution du mariage précédent.

230. La femme pourra demander
le divorce * pour cause d'adultère de
son mari, lorsqu'il aura tenu sa con-
cubine dans la maison commune.

231. Les époux pourront réciproquement demander le divorce * pour

---

* La séparation de corps et de biens.

excès, sévices ou injures graves, de l'un d'eux envers l'autre.

232. La condamnation de l'un des époux à une peine infamante sera pour l'autre époux une cause de divorce *.

233. Le consentement mutuel et persévérant des époux, exprimé de la manière prescrite par la loi, sous les conditions et après les épreuves qu'elle détermine, prouvera suffisamment que la vie commune leur est insupportable, et qu'il existe, par rapport à eux, une cause péremptoire de divorce *.

267. L'administration provisoire

---

* La séparation de corps et de biens.

des enfans restera au mari demandeur ou défendeur en divorce , à moins qu'il n'en soit autrement ordonné par le tribunal , sur la demande soit de la mère , soit de la famille , ou du ministère public , pour le plus grand avantage des enfans.

268. La femme demanderesse ou défendresse en divorce pourra quitter le domicile du mari pendant la poursuite , et demander une pension alimentaire proportionnée aux facultés du mari. Le tribunal indiquera la maison dans laquelle la femme sera tenue de résider, et fixera, s'il y a lieu , la provision alimentaire que le mari sera obligé de lui payer.

269. La femme sera tenue de justifier de sa résidence dans la maison

indiquée, toutes les fois qu'elle en sera requise : à défaut de cette justification, le mari pourra refuser la provision alimentaire ; et, si la femme est demanderesse en divorce, la faire déclarer non-recevable à continuer ses poursuites.

270. La femme commune en biens, demanderesse ou défendresse en divorce, pourra, en tout état de cause, à partir de la date de l'ordonnance dont il est fait mention en l'art. 238, requérir, pour la conservation de ses droits, l'apposition des scellés sur les effets mobiliers de la communauté. Ces scellés ne seront levés qu'en faisant inventaire avec prisée, et à la charge par le mari de représenter les choses inventoriées, ou de répondre

de leur valeur comme gardien judiciaire.

307. Elle sera intentée, instruite et jugée de la même manière que toute autre action civile; elle ne pourra avoir lieu par le consentement mutuel des époux.

311. La séparation de corps emportera toujours la séparation de biens.

348. L'adopté restera dans sa famille naturelle, et y conservera tous ses droits; néanmoins le mariage est prohibé:

Entre l'adoptant, l'adopté et ses descendans;

Entre les enfans adoptifs du même individu;

Entre l'adopté et les enfans qui pourraient survenir à l'adoptant;

Entre l'adopté et le conjoint de l'adoptant, et réciproquement entre l'adoptant et le conjoint de l'adopté.

372. Il reste sous leur autorité jusqu'à sa majorité ou son émancipation.

374. L'enfant ne peut quitter la maison paternelle sans la permission de son père, si ce n'est pour enrôlement volontaire, après l'âge de dix-huit ans révolus.

377. Depuis l'âge de seize ans commencés jusqu'à la majorité ou l'émancipation, le père pourra seulement requérir la détention de son enfant pendant six mois au plus ; il s'adressera au président dudit tribunal, qui, après en avoir conféré avec le procureur du Roi, délivrera l'ordre d'arres-

tation ou le refusera, et pourra, dans le premier cas, abréger le temps de la détention requis par le père.

382. Lorsque l'enfant aura des biens personnels, ou lorsqu'il exercera un état, sa détention ne pourra, même au-dessous de seize ans, avoir lieu que par voie de réquisition, en la forme prescrite par l'art. 377.

L'enfant détenu pourra adresser un mémoire au procureur-général près la Cour royale. Celui-ci se fera rendre compte par le procureur du Roi près le tribunal de première instance, et fera son rapport au président de la Cour royale, qui, après en avoir donné avis au père, et après avoir recueilli tous les renseignemens, pourra révoquer ou modifier l'ordre délivré par le président du tribunal de première instance.

384. Le père, durant le mariage, et, après la dissolution du mariage, le survivant des père et mère, auront la jouisssance des biens de leurs enfans jusqu'à l'âge de dix-huit ans accomplis, ou jusqu'à l'émancipation, qui pourrait avoir lieu avant l'âge de dix-huit ans.

386. Cette jouissance n'aura pas lieu au profit de celui des père et mère contre lequel le divorce aurait été prononcé; et elle cessera à l'égard de la mère, dans le cas d'un second mariage.

390. Après la dissolution du mariage, arrivée par la mort naturelle ou civile de l'un des époux, la tutelle des enfans mineurs et non émancipés

appartient de plein droit au survivant des père et mère.

391. Pourra néanmoins le père nommer à la mère survivante et tutrice un conseil spécial, sans l'avis duquel elle ne pourra faire aucun acte relatif à la tutelle.

Si le père spécifie les actes pour lesquels le conseil sera nommé, la tutrice sera habile à faire les autres sans son assistance.

394. La mère n'est point tenue d'accepter la tutelle; néanmoins, et en cas qu'elle la refuse, elle devra en remplir les devoirs jusqu'à ce qu'elle ait fait nommer un tuteur.

395. Si la mère tutrice veut se remarier, elle devra, avant l'acte de mariage, convoquer le conseil de fa-

mille, qui décidera si la tutelle doit lui être conservée.

A défaut de cette convocation, elle perdra la tutelle de plein droit; et son nouveau mari sera solidairement responsable de toutes les suites de la tutelle qu'elle aura indûment conservée.

397. Le droit individuel de choisir un tuteur parent, ou même étranger, n'appartient qu'au dernier mourant des père et mère.

767. Lorsque le défunt ne laisse ni parens au degré successible, ni enfans naturels, les biens de sa succession appartiennent au conjoint non divorcé qui lui survit.

769. Le conjoint survivant et l'administration des domaines qui prétendent droit à la succession, sont

tenus de faire apposer les scellés, et de faire faire inventaire dans les formes prescrites pour l'acceptation des successions sous bénéfice d'inventaire.

770. Ils doivent demander l'envoi en possession au tribunal de première instance dans le ressort duquel la succession est ouverte. Le tribunal ne peut statuer sur la demande qu'après trois publications et affiches dans les formes usitées, et après avoir entendu le procureur du Roi.

771. L'époux survivant est encore tenu de faire emploi du mobilier, ou de donner caution suffisante pour en assurer la restitution, au cas où il se représenterait des héritiers du défunt dans l'intervalle de trois ans : après ce délai, la caution est déchargée.

774. Une succession peut être acceptée purement et simplement, ou sous bénéfice d'inventaire.

776. Les femmes mariées ne peuvent pas valablement accepter une succession sans l'autorisation de leur mari ou de justice, conformément aux dispositions du chap. VI du titre *du Mariage.* Les successions échues aux mineurs et aux interdits ne pourront être valablement acceptées que conformément aux dispositions du titre *de la Minorité, de la Tutelle et de l'Émancipation.*

778. L'acceptation peut être expresse ou tacite : elle est expresse, quand on prend le titre ou la qualité d'héritier dans un acte authentique ou privé ; elle est tacite, quand l'héri-

tier fait un acte qui suppose nécessairement son intention d'accepter,
et qu'il n'aurait droit de faire qu'en
sa qualité d'héritier.

802. L'effet du bénéfice d'inventaire
est de donner à l'héritier l'avantage,
1° de n'être tenu du payement des
dettes de la succession que jusqu'à
concurrence de la valeur des biens
qu'il a recueillis, même de pouvoir
se décharger du payement des dettes,
en abandonnant tous les biens de la
succession aux créanciers et aux léga-
taires; 2° de ne pas confondre ses
biens personnels avec ceux de la succession, et de conserver contre elle
le droit de réclamer le payement de
ses créances.

837. Si, dans les opérations ren-

voyées devant un notaire, il s'élève des contestations, le notaire dressera procès-verbal des dificultés et des dires respectifs des parties, les renverra devant le commissaire nommé pour le partage; et, au surplus, il sera procédé suivant les formes prescrites par les lois sur la procédure.

878. Ils peuvent demander, dans tous les cas, et contre tout créancier, la séparation du patrimoine du défunt d'avec le patrimoine de l'héritier.

905. La femme mariée ne pourra donner entre-vifs sans l'assistance ou le consentement spécial de son mari, ou sans y être autorisée par la justice, conformément à ce qui est prescrit par les art. 217 et 219, au titre *du Mariage.* — Elle n'aura besoin ni du

consentement du mari, ni d'autorisation de la justice, pour disposer par le testament.

913. Les libéralités, soit par actes entre-vifs, soit par testament, ne pourront excéder la moitié des biens du disposant, s'il ne laisse à son décès qu'un enfant légitime; le tiers, s'il laisse deux enfans; le quart, s'il en laisse trois ou un plus grand nombre.

915. Les libéralités par acte entre-vifs ou par testament, ne pourront excéder la moitié des biens, si, à défaut d'enfans, le défunt laisse un ou plusieurs ascendans dans chacune des lignes paternelle et maternelle; et les trois quarts, s'il ne laisse d'ascendans que dans une ligne. Les biens ainsi réservés au profit des ascendans se-

ront par eux recueillis dans l'ordre où la loi les appelle à succéder ; ils auront seuls droit à cette réserve, dans tous les cas où un partage en concurrence avec des collatéraux ne leur donnerait pas la quotité de biens à laquelle elle est fixée.

916. A défaut d'ascendans et de descendans, des libéralités par actes entre-vifs ou testamentaires pourront épuiser la totalité des biens.

969. Un testament pourra être olographe, ou fait par acte public, ou dans la forme mystique.

970. Le testament olographe ne sera point valable, s'il n'est écrit en entier, daté et signé de la main du testateur. Il n'est assujetti à aucune autre forme.

22.

1001. Les formalités auxquelles les divers testamens sont assujettis par les dispositions de la présente section et de la précédente, doivent être observées à peine de nullité.

1083. La donation, dans la forme portée au précédent article, sera irrévocable, en ce sens seulement que le donateur ne pourra plus disposer, à titre gratuit, des objets compris dans la donation, si ce n'est pour sommes modiques, à titre de récompense ou autrement.

1091. Les époux pourront, par contrat de mariage, se faire réciproquement, ou l'un des deux à l'autre, telle donation qu'ils jugeront à propos, sous les modifications ci-après exprimées.

1092. Toute donation entre-vifs de biens présens, faite entre époux par contrat de mariage, ne sera point censée faite sous la condition de survie du donataire, si cette condition n'est formellement exprimée; et elle sera soumise à toutes les règles et formes ci-dessus prescrites pour ces sortes de donations.

1094. L'époux pourra, soit par contrat de mariage, soit pendant le mariage, pour le cas où il ne laisserait point d'enfans ni descendans, disposer en faveur de l'autre époux, en propriété, de tout ce dont il pourrait disposer en faveur d'un étranger, et, en outre, de l'usufruit de la totalité de la portion dont la loi prohibe la disposition au préjudice des héritiers.

Et pour le cas où l'époux donateur laisserait des enfans ou descendans, il pourra donner à l'autre époux ou un quart en propriété et un autre quart en usufruit, ou la moitié de tous ses biens en usufruit seulement.

1095. Le mineur ne pourra, par contrat de mariage, donner à l'autre époux, soit par donation simple, soit par donation réciproque, qu'avec le consentement et l'assistance de ceux dont le consentement est requis pour la validité de son mariage; et, avec ce consentement, il pourra donner tout ce que la loi permet à l'époux majeur de donner à l'autre conjoint.

1096. Toutes donations faites entre époux pendant le mariage, quoique qualifiées entre-vifs, seront toujours révocables. — La révocation pourra être faite par la femme, sans y être autorisée par le mari ni par justice. --- Ces donations ne seront point révoquées par la survenance d'enfans.

1097. Les époux ne pourront, pendant le mariage, faire, ni par acte entre-vifs, ni par testament, aucune donation mutuelle et réciproque par un seul et même acte.

1098. L'homme ou la femme qui, ayant des enfans d'un autre lit, contractera un second ou subséquent mariage, ne pourra donner à son nouvel époux qu'une part d'enfant légitime le moins prenant, et sans que, dans aucun cas, ces donations puissent excéder le quart des biens.

1104. Il est *commutatif* lorsque

chacune des parties s'engage à donner ou à faire une chose qui est regardée comme l'équivalent de ce qu'on lui donne, ou de ce qu'on fait pour elle. — Lorsque l'équivalent consiste dans la chance de gain ou de perte pour chacune des parties, d'après un événement incertain, le contrat est *aléatoire*.

1388. Les époux ne peuvent déroger ni aux droits résultant de la puissance maritale sur la personne de la femme et des enfans, ou qui appartiennent au mari comme chef, ni aux droits conférés au survivant des époux par le titre *de la Puissance paternelle* et par le titre *de la Minorité, de la Tutelle et de l'Émancipation*, ni aux dispositions prohibitives du Code civil.

1392. La simple stipulation que la femme se constitue ou qu'il lui est constitué des biens en dot, ne suffit pas pour soumettre ces biens au régime dotal, s'il n'y a dans le contrat de mariage une déclaration expresse à cet égard. — La soumission au régime dotal ne résulte pas non plus de la simple déclaration faite par les époux, qu'ils se marient sans communauté, ou qu'ils seront séparés de biens.

1393. A défaut de stipulations spéciales qui dérogent au régime de la communauté ou le modifient, les règles établies dans la première partie du chapitre II formeront le droit commun de la France.

1394. Toutes conventions matrimoniales seront rédigées, avant le mariage, par acte devant notaire.

1395. Elles ne peuvent recevoir aucun changement après la célébration du mariage.

1396. Les changemens qui y seraient faits avant cette célébration, doivent être constatés par acte passé dans la même forme que le contrat de mariage. — Nul changement ou contre-lettre n'est, au surplus, valable sans la présence et le consentement simultané de toutes les personnes qui ont été parties dans le contrat de mariage.

1397. Tous changemens et contre-lettres, même revêtus des formes prescrites par l'article précédent, seront sans effet à l'égard des tiers, s'ils n'ont été rédigés à la suite de la minute du contrat de mariage; et le notaire ne pourra, à peine des dommages et intérêts des parties, et sous plus grande peine s'il y a lieu, délivrer ni grosses ni expéditions du contrat de mariage, sans transcrire à la suite le changement ou la contre-lettre.

1399. La communauté, soit légale, soit conventionnelle, commence du jour du mariage contracté devant l'officier de l'état civil : on ne peut stipuler qu'elle commencera à une autre époque.

1400. La communauté qui s'établit par la simple déclaration qu'on se marie sous le régime de la communauté, ou à défaut de contrat, est soumise aux règles expliquées dans les six sections qui suivent.

1401. La communauté se compose activement, 1° de tout le mobilier que les époux possédaient au jour de la célébration du mariage, ensemble de tout le mobilier qui leur échoit pendant le mariage à titre de succession ou même de donation, si le donateur n'a exprimé le contraire; — 2° de tous les fruits, revenus, intérêts et arrérages, de quelque nature qu'ils soient, échus ou perçus pendant le mariage, et provenant des biens qui appartenaient aux époux lors de sa célébration, ou de ceux qui leur sont échus pendant le mariage, à quelque titre que ce soit; — 3° de tous les immeubles qui sont acquis pendant le mariage.

1402. Tout immeuble est réputé

acquêt de communauté, s'il n'est prouvé que l'un des époux en avait la propriété ou possession légale antérieurement au mariage, ou qu'il lui est échu depuis à titre de succession ou de donation.

1404. Les immeubles que les époux possèdent au jour de la célébration du mariage, ou qui leur échoient pendant son cours à titre de succession, n'entrent point en communauté. Néanmoins, si l'un des époux avait acquis un immeuble depuis le contrat de mariage, contenant stipulation de communauté, et avant la célébration du mariage, l'immeuble acquis dans cet intervalle entrera dans la communauté, à moins que l'acquisition n'ait été faite en exécution de quelque clause du mariage, auquel cas elle serait réglée suivant la convention.

1405. Les donations d'immeubles qui ne sont faites pendant le mariage qu'à l'un des deux époux, ne tombent point en communauté, et appartiennent au donataire seul, à moins que la donation ne contienne expressément que la chose donnée appartiendra à la communauté.

1406. L'immeuble abandonné ou cédé par père, mère ou autre ascendant, à l'un des deux époux, soit pour le remplir de ce qu'il lui doit, soit à la charge de payer les dettes du donateur à des étrangers, n'entre point en communauté, sauf récompense ou indemnité.

1407. L'immeuble acquis pendant

le mariage à titre d'échange contre l'immeuble appartenant à l'un des deux époux, n'entre point en communauté, et est subrogé au lieu et place de celui qui a été aliéné, sauf la récompense s'il y a soulte.

1408. L'acquisition faite pendant le mariage, à titre de licitation ou autrement, de portion d'un immeuble dont l'un des époux était propriétaire par indivis, ne forme point un conquêt, sauf à indemniser la communauté de la somme qu'elle a fournie pour cette acquisition. — Dans le cas où le mari deviendrait seul, et en son nom personnel, acquéreur ou adjudicataire de portion ou de la totalité d'un immeuble appartenant par indivis à la femme, celle-ci, lors de la dissolution de la

communauté, a le choix ou d'aban-
donner l'effet à la communauté, laquelle devient alors débitrice envers
la femme de la portion appartenant
à celle-ci dans le prix, ou de retirer
l'immeuble, en remboursant à la communauté le prix de l'acquisition.

1409. La communauté se compose
passivement, — 1° de toutes les dettes
mobilières dont les époux étaient gre-
vés au jour de la célébration de leur
mariage, ou dont se trouvent chargées
les successions qui leur échoient durant le mariage, sauf la récompense
pour celles relatives aux immeubles
propres à l'un ou à l'autre des époux ;
— 2° des dettes, tant en capitaux qu'arrérages ou intérêts, contractées par
le mari pendant la communauté, ou

par la femme, du consentement du mari, sauf la récompense dans les cas où elle a lieu; — 3° des arrérages et intérêts seulement des rentes ou dettes passives qui sont personnelles aux deux époux; — 4° des réparations usufructuaires des immeubles qui n'entrent point en communauté; — 5° des alimens des époux, de l'éducation et entretien des enfans, et de toute autre charge du mariage.

1410. La communauté n'est tenue des dettes mobilières contractées avant le mariage par la femme, qu'autant qu'elles résultent d'un acte authentique antérieur au mariage, ou ayant reçu avant la même époque une date certaine, soit par l'enregistrement, soit par le décès d'un ou de plusieurs signataires dudit acte.— Le créancier de la femme, en vertu d'un acte n'ayant pas de date certaine avant le mariage, ne peut en poursuivre contre elle le paiement que sur la nue-propriété de ses immeubles personnels. — Le mari qui prétendrait avoir payé pour sa femme une dette de cette nature, n'en peut demander la récompense ni à sa femme ni à ses héritiers.

1411. Les dettes des successions purement mobilières qui sont échues aux époux pendant le mariage, sont pour le tout à la charge de la communauté.

1412. Les dettes d'une succession purement immobilière qui échoit à l'un des époux pendant le mariage, ne sont point à la charge de la communauté, sauf le droit qu'ont les créanciers de poursuivre leur paiement sur les immeubles de ladite succession. — Néanmoins, si la succession est échue au mari, les créanciers de la succession peuvent poursuivre leur paiement, soit sur tous les biens propres au mari, soit même sur ceux de la communauté, sauf, dans ce second cas, la récompense due à la femme ou à ses héritiers.

1413. Si la succession purement immobilière est échue à la femme, et que celle-ci l'ait acceptée du consentement de son mari, les créanciers de la succession peuvent poursuivre leur paiement sur tous les biens personnels de la femme; mais, si la succession n'a été acceptée par la femme que comme autorisée en justice au refus du mari, les créanciers, en cas d'insuffisance des immeubles de la succession, ne peuvent se pourvoir que sur la nue-propriété des autres biens personnels de la femme.

1414. Lorsque la succession échue à l'un des époux est en partie mobilière et en partie immobilière, les dettes dont elle est grevée ne sont à la charge de la communauté que jusqu'à concurrence de la portion contributoire du mobilier dans les dettes, eu égard à la valeur de ce mobilier comparée à celle des immeubles. — Cette portion contributoire se règle d'après l'inventaire auquel le mari doit faire procéder, soit de son chef, si la succession le concerne personnellement, soit comme dirigeant et autorisant les actions de sa femme, s'il s'agit d'une succession à elle échue.

1420. Toute dette qui n'est contractée par la femme qu'en vertu de la procuration générale ou spéciale du mari, est à la charge de la communauté; et le créancier n'en peut poursuivre le paiement ni contre la femme, ni sur ses biens personnels.

1421. Le mari administre seul les biens de la communauté. — Il peut les vendre, aliéner et hypothéquer sans le concours de la femme.

1422. Il ne peut disposer entrevifs, à titre gratuit, des immeubles de la communauté, ni de l'universalité ou d'une quotité du mobilier, si ce n'est pour l'établissement des enfans communs. — Il peut néanmoins disposer des effets mobiliers à titre gratuit et particulier, au profit de toutes personnes, pourvu qu'il ne s'en réserve pas l'usufruit.

1423. La donation testamentaire faite par le mari ne peut excéder sa part dans la communauté. — S'il a donné en cette forme un effet de la communauté, le donataire ne peut le réclamer en nature qu'autant que l'effet, par l'événement du partage, tombe au lot des héritiers du mari. Si l'effet ne tombe point au lot de ces héritiers, le légataire a la récompense de la valeur totale de l'effet donné, sur la part des héritiers du mari dans la communauté, et sur les biens personnels de ce dernier.

1426. Les actes faits par la femme sans le consentement du mari, et même avec l'autorisation de la justice, n'engagent point les biens de la commuuauté, si ce n'est lorsqu'elle contracte comme marchande publique, et pour le fait de son commerce.

1427. La femme ne peut s'obliger ni engager les biens de la communauté, même pour tirer son mari de prison, ou pour l'établissement de ses enfans, en cas d'absence du mari, qu'après y avoir été autorisée par justice.

1428. Le mari a l'administration de

tous les biens personnels de la
femme. — Il peut exercer seul toutes les actions mobilières et posses-
soires qui appartiennent à la femme.
— Il ne peut aliéner les immeubles
personnels de sa femme sans son
consentement. — Il est responsable
de tout dépérissement des biens personnels de sa femme, causé par défaut d'actes conservatoires.

1429. Les baux que le mari seul
a faits des biens de sa femme pour
un temps qui excède neuf ans, ne
sont, en cas de dissolution de la
communauté, obligatoires vis-à-vis
de la femme ou de ses héritiers, que
pour le temps qui reste à courir, soit
de la première période de neuf ans,
si les parties s'y trouvent encore,

soit de la seconde, et ainsi de suite,
de manière que le fermier n'ait que
le droit d'achever la jouissance de la
période de neuf ans où il se trouve.

1430. Les baux de neuf ans ou
au-dessous, que le mari seul a passés
ou renouvelés des biens de sa femme
plus de trois ans avant l'expiration
du bail courant, s'il s'agit de biens
ruraux, et plus de deux ans avant
la même époque, s'il s'agit de maisons, sont sans effet, à moins que
leur exécution n'ait commencé avant
la dissolution de la communauté.

1431. La femme qui s'oblige solidairement avec son mari pour les
affaires de la communauté ou du
mari, n'est réputée, à l'égard de celui-
ci, s'être obligée que comme cau-

tion ; elle doit être indemnisée de l'obligation qu'elle a contractée.

1435. La déclaration du mari que l'acquisition est faite des deniers provenus de l'immeuble vendu par la femme et pour lui servir de remploi, ne suffit point, si ce remploi n'a été formellement accepté par la femme : si elle ne l'a pas accepté, elle a simplement droit, lors de la dissolution de la communauté, à la récompense du prix de son immeuble vendu.

1436. La récompense du prix de l'immeuble appartenant au mari ne s'exerce que sur la masse de la communauté ; celle du prix de l'immeuble appartenant à la femme s'exerce sur les biens personnels du mari, en cas d'insuffisance des biens de la communauté. Dans tous les cas, la récompense n'a lieu que sur le pied de la vente, quelque allégation qui soit faite touchant la valeur de l'immeuble aliéné.

1438. Si le père et la mère ont doté conjointement l'enfant commun, sans exprimer la portion pour laquelle ils entendaient y contribuer, ils sont censés avoir doté chacun pour moitié, soit que la dot ait été fournie ou promise en effets de la communauté, soit qu'elle l'ait été en biens personnels à l'un des deux époux. — Au second cas, l'époux dont l'immeuble ou l'effet personnel a été constitué en dot, a sur les biens de l'autre une action en indemnité pour la moitié de ladite dot, eu égard à la valeur de l'effet donné, au temps de la donation.

1443. La séparation de biens ne peut être poursuivie qu'en justice par la femme dont la dot est mise en péril, et lorsque le désordre des affaires du mari donne lieu de craindre que les biens de celui-ci ne soient point suffisans pour remplir les droits et reprises de la femme. — Toute séparation volontaire est nulle.

1445. Toute séparation de biens doit, avant son exécution, être rendue publique par l'affiche sur un tableau à ce destiné, dans la principale salle du tribunal de première instance; et de plus, si le mari est marchand, banquier ou commerçant, dans celle du tribunal de commerce du lieu de son domicile, et ce à peine de nullité de l'exécution. — Le jugement qui prononce la séparation de biens remonte, quant à ses effets, au jour de la demande.

1448. La femme qui a obtenu la séparation de biens, doit contribuer, proportionnellement à ses facultés et à celles du mari, tant aux frais du ménage qu'à ceux d'éducation des enfans communs. — Elle doit supporter entièrement ces frais, s'il ne reste rien au mari.

1449. La femme séparée soit de corps et de biens, soit de biens seulement, en reprend la libre administration. — Elle peut disposer de son mobilier et l'aliéner. — Elle ne peut

24..

aliéner ses immeubles sans le consentement du mari, ou sans être autorisée en justice à son refus.

1452. La dissolution de la communauté opérée par le divorce ou par la séparation soit de corps et de biens, soit de biens seulement, ne donne pas ouverture aux droits de survie de la femme ; mais celle-ci conserve la faculté de les exercer lors de la mort naturelle ou civile de son mari.

1453. Après la dissolution de la communauté, la femme ou ses héritiers et ayans-cause ont la faculté de l'accepter ou d'y renoncer : toute convention contraire est nulle.

1454. La femme qui s'est immiscée dans les biens de la communauté ne

peut y renoncer. — Les actes purement administratifs ou conservatoires
n'emportent point immixtion.

1455. La femme majeure qui a
pris dans un acte la qualité de commune, ne peut plus y renoncer, ni se
faire restituer contre cette qualité,
quand même elle l'aurait prise avant
d'avoir fait inventaire, s'il n'y a eu
dol de la part des héritiers du mari.

1456. La femme survivante qui
veut conserver la faculté de renoncer
à la communauté, doit, dans les trois
mois du jour du décès du mari, faire
faire un inventaire fidèle et exact de
tous les biens de la communauté,
contradictoirement avec les héritiers
du mari, ou eux dûment appelés. —
Cet inventaire doit être par elle af-

firmé sincère et véritable, lors de sa clôture, devant l'officier public qui l'a reçu.

1457. Dans les trois mois, et quarante jours après le décès du mari, elle doit faire sa renonciation au greffe du tribunal de première instance dans l'arrondissement duquel le mari avait son domicile : cet acte doit être inscrit sur le registre établi pour recevoir les renonciations à la succession.

1458. La veuve peut, suivant les circonstances, demander au tribunal de première instance une prorogation du délai prescrit par l'article précédent pour sa renonciation ; cette prorogation est, s'il y a lieu, prononcée contradictoirement avec les héritiers du mari, ou eux dûment appelés.

1459. La veuve qui n'a point fait sa renonciation dans le délai ci-dessus prescrit, n'est pas déchue de la faculté de renoncer, si elle ne s'est point immiscée, et qu'elle ait fait inventaire ; elle peut seulement être poursuivie comme commune, jusqu'à ce qu'elle ait renoncé, et elle doit les frais faits contre elle jusqu'à sa renonciation. — Elle peut également être poursuivie après l'expiration des quarante jours depuis la clôture de l'inventaire, s'il a été clos avant les trois mois.

1460. La veuve qui a diverti ou recélé quelques effets de la communauté, est déclarée commune, nonobstant sa renonciation ; il en est de même à l'égard de ses héritiers.

1463. La femme divorcée ou séparée de corps, qui n'a point, dans les trois mois et quarante jours après le divorce ou la séparation définitivement prononcée, accepté la communauté, est censée y avoir renoncé, à moins qu'étant encore dans le délai, elle n'en ait obtenu la prorogation en justice, contradictoirement avec le mari, ou lui dûment appelé.

1468. Les époux ou leurs héritiers rapportent à la masse des biens existans tout ce dont ils sont débiteurs envers la communauté à titre de récompense ou d'indemnité, d'après les règles ci-dessus prescrites à la section 2 de la première partie du présent chapitre.

1469. Chaque époux ou son héritier rapporte également les sommes qui ont été tirées de la communauté, ou la valeur des biens que l'époux y a pris pour doter un enfant d'un autre lit, et pour doter personnellement l'enfant commun.

1470. Sur la masse des biens, chaque époux ou son héritier prélève, — 1° ses biens personnels qui ne sont point entrés en communauté, s'ils existent en nature, ou ceux qui ont été acquis en remploi; 2° le prix de ses immeubles qui ont été aliénés pendant la communauté, et dont il n'a point été fait remploi; 3° les indemnités qui lui sont dues par la communauté.

1471. Les prélèvemens de la femme s'exercent avant ceux du mari. — Ils s'exercent pour les biens qui n'existent plus en nature, d'abord sur l'argent comptant, ensuite sur le mobilier, et subsidiairement sur les immeubles de la communauté : dans ce dernier cas, le choix des immeubles est déféré à la femme et à ses héritiers.

1472. Le mari ne peut exercer ses reprises que sur les biens de la communauté. — La femme et ses héritiers, en cas d'insuffisance de la communauté, exercent leurs reprises sur les biens personnels du mari.

1474. Après que tous les prélèvemens des deux époux ont été exécutés sur la masse, le surplus se partage par moitié entre les époux ou ceux qui les représentent.

1479. Les créances personnelles que les époux ont à exercer l'un contre l'autre ne portent intérêt que du jour de la demande en justice.

1481. Le deuil de la femme est aux frais des héritiers du mari prédécédé. — La valeur de ce deuil est réglée selon la fortune du mari. — Il est dû même à la femme qui renonce à la communauté.

1482. Les dettes de la communauté sont pour moitié à la charge de chacun des époux , ou de leurs héritiers : les frais de scellés , inventaire , vente de mobilier, liquidation, licitation et partage , font partie de ces dettes.

1486. La femme peut être poursuivie pour la totalité des dettes qui

procèdent de son chef et étaient en-
trées dans la communauté , sauf son
recours contre le mari ou son héritier , pour la moitié desdites dettes.

1487. La femme , même personnellement obligée pour une dette de
communauté , ne peut être poursuivie que pour la moitié de cette dette,
à moins que l'obligation ne soit soli-
daire.

1488. La femme qui a payé une
dette de la communauté au-delà de
sa moitié n'a point de répétition contre le créancier pour l'excédant , à
moins que la quittance n'exprime
que ce qu'elle a payé était pour sa
moitié.

1492. La femme qui renonce perd

toute espèce de droit sur les biens de la communauté, et même sur le mobilier qui y est entré de son chef. — Elle retire seulement les linges et hardes à son usage.

1493. La femme renonçante a le droit de reprendre : — 1° les immeubles à elle appartenant, lorsqu'ils existent en nature, ou l'immeuble qui a été acquis en remploi ; — 2° le prix de ses immeubles aliénés, dont le remploi n'a pas été fait et accepté comme il est dit ci-dessus ; — 3° toutes les indemnités qui peuvent lui être dues par la communauté.

1494. La femme renonçante est déchargée de toute contribution aux dettes de la communauté, tant à l'égard du mari qu'à l'égard des créanciers. Elle reste néanmoins tenue envers ceux-ci lorsqu'elle s'est obligée conjointement avec son mari, ou lorsque la dette, devenue dette de la communauté, provenait originairement de son chef : le tout sauf son recours contre le mari ou ses héritiers.

1495. Elle peut exercer toutes les actions et reprises ci-dessus détaillées, tant sur les biens de la communauté que sur les biens personnels du mari. — Ses héritiers le peuvent de même, sauf en ce qui concerne le prélèvement des linges et hardes, ainsi que le logement et la nourriture pendant le délai donné pour faire inventaire et délibérer ;

lesquels droits sont purement personnels à la femme survivante.

1498. Lorsque les époux stipulent qu'il n'y aura entre eux qu'une communauté d'acquêts, ils sont censés exclure de la communauté et les dettes de chacun d'eux actuelles et futures, et leur mobilier rsspectif présent et futur. — En ce cas, et après que chacun des époux a prélevé ses apports dûment justifiés, le partage se borne aux acquêts faits par les époux, ensemble ou séparément durant le mariage, et provenant, tant de l'industrie commune que des économies faites sur les fruits et revenus des biens des deux époux.

1500. Les époux peuvent exclure de leur communauté tout leur mobilier présent et futur. — Lorsqu'ils stipulent qu'ils en mettront réciproquement dans la communauté jusqu'à concurrence d'une somme ou d'une valeur déterminée, ils sont, par cela seul, censés se réserver le surplus.

1504. Le mobilier qui échoit à chacun des époux pendant le mariage, doit être constaté par un inventaire. — A défaut d'inventaire du mobilier échu au mari, ou d'un titre propre à justifier de sa consistance et valeur, déduction faite des dettes, le mari ne peut en exercer la reprise. — Si le défaut d'inventaire porte sur un mobilier échu à la femme, celle-ci ou ses héritiers sont admis à faire preuve, soit par titres, soit par té-

moins, soit même par commune re-
nommée, de la valeur de ce mobilier.

1505. Lorsque les époux ou l'un
d'eux font entrer en communauté
tout ou partie de leurs immeubles
présens ou futurs, cette clause s'appelle *ameublissement*.

1506. L'ameublissement peut être
déterminé ou indéterminé. — Il est
déterminé quand l'époux a déclaré
ameublir et mettre en communauté
un tel immeuble en tout ou jusqu'à
concurrence d'une certaine somme.
— Il est indéterminé quand l'époux
a simplement déclaré apporter en
communauté ses immeubles, jusqu'à concurrence d'une certaine
somme.

1510. La clause par laquelle les époux stipulent qu'ils paieront séparément leurs dettes personnelles, les oblige à se faire, lors de la dissolution de la communauté, respectivement raison des dettes qui sont justifiées avoir été acquittées par la communauté, à la décharge de celui des époux qui en était débiteur. — Cette obligation est la même, soit qu'il y ait eu inventaire ou non : mais, si le mobilier apporté par les époux n'a pas été constaté par un inventaire ou état authentique antérieur au mariage, les créanciers de l'un et de l'autre des époux peuvent, sans avoir égard à aucune des distinctions qui seraient réclamées, poursuivre leur paiement sur le mo-

bilier non inventorié , comme sur
tous les autres biens de la communauté. — Les créanciers ont le même
droit sur le mobilier qui serait échu
aux époux pendant la communauté,
s'il n'a pas été pareillement constaté
par un inventaire ou état authentique.

1514. La femme peut stipuler
qu'en cas de renonciation à la communauté , elle reprendra tout ou
partie de ce qu'elle y aura apporté ,
soit lors du mariage, soit depuis ;
mais cette stipulation ne peut s'é-
tendre au-delà des choses formellement exprimées , ni au profit de
personnes autres que celles dési-
gnées. — Ainsi la faculté de reprendre le mobilier que la femme a ap-

porté lors du mariage ne, s'étend
point aux enfans; celle accordée à
la femme et aux enfans ne s'étend
point aux héritiers ascendans ou
collatéraux. — Dans tous les cas, les
apports ne peuvent être repris que
déduction faite des dettes personnelles à la femme, et que la communauté aurait acquittées.

1515. La clause par laquelle l'é-
poux survivant est autorisé à préle-
ver, avant tout partage, une certaine somme ou une certaine quantité d'effets mobiliers en nature, ne
donne droit à ce prélèvement, au
profit de la femme survivante, que
lorsqu'elle accepte la communauté,
à moins que le contrat de mariage
ne lui ait réservé ce droit, même en

renonçant. — Hors le cas de cette réserve, le préciput ne s'exerce que sur la masse partageable, et non sur les biens personnels de l'époux prédécédé.

1517. La mort naturelle ou civile donne ouverture au préciput.

1520. Les époux peuvent déroger au partage égal établi par la loi, soit en ne donnant à l'époux survivant ou à ses héritiers, dans la communauté, qu'une part moindre que la moitié, soit en ne lui donnant qu'une somme fixe pour tout droit de communauté, soit en stipulant que la communauté entière, en certains cas, appartiendra à l'époux survivant, ou à l'un d'eux seulement.

1522. Lorsqu'il est stipulé que

l'un des époux ou ses héritiers ne pourront prétendre qu'une certaine somme pour tout droit de communauté, la clause est un forfait qui oblige l'autre époux, ou ses héritiers, à payer la somme convenue, soit que la communauté soit bonne ou mauvaise, suffisante ou non pour acquitter la somme.

1526. Les époux peuvent établir par leur contrat de mariage une communauté universelle de leurs biens tant meubles qu'immeubles, présens et à venir, ou de tous leurs biens présens seulement, ou de tous leurs biens à venir seulement.

153o. La clause portant que les époux se marient sans communauté ne donne point à la femme le droit

d'administrer ses biens, ni d'en percevoir les fruits : ces fruits sont censés apportés au mari pour soutenir
les charges du mariage.

1531. Le mari conserve l'administration des biens meubles et immeubles de la femme, et par suite le droit
de percevoir tout le mobilier qu'elle
apporte en dot, ou qui lui échoit
pendant le mariage, sauf la restitution qu'il en doit faire après la dissolution du mariage, ou après la séparation de biens qui serait prononcée
par justice.

1532. Si, dans le mobilier apporté
en dot par la femme, ou qui lui échoit
pendant le mariage, il y a des choses
dont on ne peut faire usage sans les
consommer, il en doit être joint un

état estimatif au contrat de mariage,
ou il doit en être fait inventaire lors
de l'échéance, et le mari en doit rendre le prix d'après l'estimation.

1534. La clause énoncée au présent paragraphe ne fait point obs-
tacle à ce qu'il soit convenu que la
femme touchera annuellement, sur
ses seules quittances, certaines por-
tions de ses revenus pour son entretien et ses besoins personnels.

1535. Les immeubles constitués
en dot, dans le cas du présent paragraphe, ne sont point inaliénables. —
Néanmoins ils ne peuvent être aliénés sans le consentement du mari,
et, à son refus, sans l'autorisation de
la justice.

1536. Lorsque les époux ont stipulé par leur contrat de mariage qu'ils seraient séparés de biens, la femme conserve l'entière administration de ses biens meubles et immeubles et la jouissance libre de ses revenus.

1537. Chacun des époux contribue aux charges du mariage, suivant les conventions contenues en leur contrat ; et, s'il n'en existe point à cet égard, la femme contribue à ces charges jusqu'à concurrence du tiers de ses revenus.

1538. Dans aucun cas, ni à la faveur d'aucune stipulation, la femme ne peut aliéner ses immeubles sans le consentement spécial de son mari, ou, à son refus, sans être autorisée par justice. — Toute autorisation générale d'aliéner les immeubles donnée à la femme, soit par contrat de mariage, soit depuis, est nulle.

1540. La dot, sous ce régime comme sous celui du chapitre 2, est le bien que la femme apporte au mari pour supporter les charges du mariage.

1541. Tout ce que la femme se constitue ou qui lui est donné en contrat de mariage est dotal, s'il n'y a stipulation contraire.

1542. La constitution de dot peut frapper tous les biens présens et à venir de la femme, ou tous ses biens présens seulement, ou une partie de ses biens présens et à venir, ou même un objet individuel. — La constitution, en termes généraux, de tous les biens de la femme, ne comprend pas des biens à venir.

1546. Quoique la fille dotée par ses père et mère ait des biens à elle propres, dont ils jouissent, la dot sera prise sur les biens des constituans, s'il n'y a stipulation contraire.

1549. Le mari seul a l'administration des biens dotaux pendant le mariage. — Il a seul le droit d'en poursuivre les débiteurs et détenteurs, d'en percevoir les fruits et les intérêts, et de recevoir le remboursement des capitaux. — Cependant il peut être convenu, par le contrat de mariage, que la femme touchera annuellement, sur ses seules quittances, une partie de ses revenus pour son entretien et ses besoins personnels.

1554. Les immeubles constitués en dot ne peuvent être aliénés ou hypothéqués pendant le mariage, ni par le mari, ni par la femme, ni par les deux conjointement, sauf les exceptions qui suivent.

1556. Elle peut aussi, avec l'autorisation de son mari, donner ses biens dotaux pour l'établissement de leurs enfans communs.

1557. L'immeuble dotal peut être aliéné lorsque l'aliénation en a été permise par le contrat de mariage.

1558. L'immeuble dotal peut encore être aliéné avec permission de justice, et aux enchères, après trois affiches : — pour tirer de prison le mari ou la femme ; — pour fournir

des alimens à la famille;—pour payer
les dettes de la femme ou de ceux qui
ont constitué la dot, lorsque ces dettes
ont une date certaine antérieure au
contrat de mariage; — pour faire de
grosses réparations indispensables
pour la conservation de l'immeuble
dotal; — enfin lorsque cet immeuble
se trouve indivis avec des tiers, et
qu'il est reconnu impartageable. —
Dans tous les cas, l'excédant du prix
de la vente au-dessus des besoins re-
connus, restera dotal, et il en sera fait
emploi comme tel au profit de la
femme.

1559. L'immeuble dotal peut être
échangé, mais avec le consentement de
la femme, contre un autre immeuble
de même valeur pour les quatre cin-

quièmes au moins, en justifiant de
l'utilité de l'échange, en obtenant
l'autorisation en justice, et d'après
une estimation par experts nommés
d'office par le tribunal.—Dans ce cas,
l'immeuble reçu en échange sera dotal; l'excédant du prix, s'il y en a, le
sera aussi, et il en sera fait emploi
comme tel au profit de la femme.

1564. Si la dot consiste en immeubles, — ou en meubles non esti-
més par le contrat de mariage, ou
bien mis à prix, avec déclaration que
l'estimation n'en ôte pas la propriété
à la femme, — le mari ou ses héritiers
peuvent être contraints de la restituer
sans délai, après la dissolution du mariage.

1565. Si elle consiste en une somme

d'argent, —ou en meubles mis à prix par le contrat, sans déclaration que l'estimation n'en rend pas le mari propriétaire, — la restitution n'en peut être exigée qu'un an après la dissolution.

1566. Si les meubles dont la propriété reste à la femme ont dépéri par l'usage et sans la faute du mari, il ne sera tenu de rendre que ceux qui resteront, et dans l'état où ils se trouveront.—Et néanmoins la femme pourra, dans tous les cas, retirer les linges et hardes à son usage actuel, sauf à précompter leur valeur, lorsque ces linges et hardes auront été primitivement constitués avec estimation.

1569. Si le mariage a duré dix ans depuis l'échéance des termes pris pour le paiement de la dot, la femme ou ses héritiers pourront la répéter contre le mari après la dissolution du mariage, sans être tenu de prouver qu'il l'a reçue, à moins qu'il ne justifiât de diligences inutilement par lui faites pour s'en procurer le paiement.

1570. Si le mariage est dissous par la mort de la femme, l'intérêt et les fruits de la dot à restituer courent de plein droit au profit de ses héritiers depuis le jour de la dissolution. — Si c'est par la mort du mari, la femme a le choix d'exiger les intérêts de sa dot pendant l'an du deuil, ou de se faire fournir des alimens pendant ledit temps aux dépens de la succession du mari; mais, dans les deux cas, l'habitation durant cette année, et les habits

du deuil, doivent lui être fournis sur
la succession, et sans imputation sur
les intérêts à elle dus.

FIN.

TITRE TROISIÈME.

LE LENDEMAIN.

TITRE QUATRIÈME.

LE MÉNAGE.

TITRE CINQUIÈME.

ÉCUEILS.

APPLICATIONS.

FIN DE LA TABLE.

Les Codes suivans sont en vente.

CODE CIVIL, Manuel complet de la politesse, du ton, des manières de la bonne compagnie; 5ᵉ édit. 1 vol in-18, avec gravure de Devéria . . . 3 fr. 50 c.

CODE GOURMAND, Manuel complet de gastronomie transcendante; 4ᵉ édit. 1 vol. in-18, avec grav. de Devéria, et carte gastronomique de la France. 3 fr. 50 c.

CODE DE LA TOILETTE, Manuel complet d'élégance et d'hygiène; 3ᵉ édit. 1 vol. in-18, avec grav. de Devéria, ... 3 fr. 50 c.

CODE PÉNAL DES HONNÊTES GENS, 3ᵉ édit. avec gravure de Devéria. . . . . . 3 fr. 50 c.

CODE CONJUGAL, Manuel complet, contenant les lois, règles, applications et exemples de l'art de se bien marier, et de vivre heureux en ménage. 1 vol. in-18, avec gravure de Johannot . . . 3 fr. 50 c.

CODE EPICURIEN, choix de chansons anciennes, modernes et inédites; par A. Rousseau. 3 fr. 50 c.

CODE DE LA CONVERSATION, Manuel complet du langage élégant et poli, par M. Saint-Maurice. 1 vol. in-18, avec gravure. . . . . . 3 fr. 50 c.

CODE DE COMMERCE, Manuel complet d'industrie commerciale, contenant les lois, règles, applications, exemples de l'art de gagner sa vie, et de faire fortune le plus honnêtement possible; par M. Saint-Maurice. 1 vol. in-18. . . . . 3 fr. 50 c.

CODE THÉÂTRAL, physiologie des Théâtres, Manuel complet de l'Auteur, du Directeur, de l'Acteur et de l'Amateur; par M. A. Rousseau. 1 vol. in-18, avec gravure. . . . . 3 fr. 50 c.

CODE DES FEMMES. 1 vol. in-18. 3 fr. 50 c.

Sous presse, pour paraître le 15 avril :

CODE CULINAIRE, contenant : Livre Iᵉʳ, *le Cordon bleu*; livre II, *l'Officier*; livre III, *le Gourmet*; par l'Auteur de *l'Almanach des Gourmands.*

CODE ANECDOTIQUE, recueil d'anecdotes, histoires inédites en prose et en vers.